MOI, SERIAL KILLER

DU MÊME AUTEUR

SÉRIE B, avec Pascal Mérigeau, Edilig, 1983.
ROGER CORMAN, Filmo, 1983.
TERENCE FISHER, Filmo, 1984.
RICHARD FLEISCHER, Filmo, 1986.
FREDRIC BROWN, LE RÊVEUR LUNATIQUE, Encrage, 1988.
JACK L'ÉVENTREUR, Fleuve Noir, 1992.
LE CANNIBALE DE MILWAUKEE, Fleuve Noir, 1993 & Méréal, 1999.
L'ÉTRANGLEUR DE BOSTON, Fleuve Noir, 1993 & Méréal, 1998.
FEMMES TUEUSES, Fleuve Noir, 1994.
L'ALMANACH DU CRIME ET DES FAITS DIVERS, Méréal, 1997.
LE LIVRE ROUGE DE JACK L'ÉVENTREUR, Grasset, 1998.
LE VAMPIRE DE DÜSSELDORF, Méréal, 1998.
L'OGRE DE SANTA CRUZ, Méréal, 1998.
LE MONSTRE DE ROCHESTER, Méréal, 1999.
LA MAIN DE LA MORT – HENRY LEE LUCAS & OTTIS TOOLE, Méréal, 1999.
100 ANS DE SERIAL KILLERS, Méréal, 1999.
STÉPHANE BOURGOIN PRÉSENTE 12 SERIAL KILLERS, Manitoba/Les Belles Lettres, 2000.
LE NOUVEL ALMANACH DU CRIME ET DES FAITS DIVERS, Éditions Édite, 2001.
13 NOUVEAUX SERIAL KILLERS, Manitoba/Les Belles Lettres, 2001.
MICKI PISTORIUS, UNE FEMME SUR LA TRACE DES SERIAL KILLERS, Éditions 1, 2001.
LES SERIAL KILLERS SONT PARMI NOUS, Albin Michel, 2003.
LE CINÉMA X, ouvrage collectif sous la direction de Jacques Zimmer, La Musardine, 2003.
SERIAL KILLERS – ENQUÊTE SUR LES TUEURS EN SÉRIE (Nouvelle édition revue et augmentée), Grasset, 2003.
CRIMES CANNIBALES (avec Isabelle Longuet, sous le pseudonyme commun d'Étienne Jallieu), Éditions Scènes de crimes, 2004.
LE LIVRE NOIR DES SERIAL KILLERS, Grasset, 2004.
SERIAL KILLERS – LES NOUVEAUX MONSTRES (sous le pseudonyme d'Étienne Jallieu), Éditions Scènes de crimes, 2005.
L'ANNÉE DU CRIME (avec Isabelle Longuet, sous le pseudonyme d'Étienne Jallieu), Éditions Scènes de crimes, 2006.

(*suite en fin d'ouvrage*)

STÉPHANE BOURGOIN

MOI, SERIAL KILLER

Douze terrifiantes confessions de tueurs en série

écrites, traduites et présentées
par Stéphane Bourgoin

BERNARD GRASSET
PARIS

ISBN : 978-2-246-85789-1

Ce livre est dédié à Christelle Venant.

Introduction

La fascination de l'abominable

Moi, serial killer réunit pour la première fois, comme son titre l'indique, des autobiographies, écrits, nouvelles de fiction, confessions, dessins ou peintures et courriers de tueurs en série, meurtriers de masse, pédophiles, nécrophiles ou cannibales. Ils s'expriment en toute liberté, sans faire preuve du moindre remords.

Depuis 1979, j'ai rencontré 77 de ces tueurs et tueuses multirécidivistes aux quatre coins de la planète. Et j'ai étudié les cas de milliers d'autres criminels. Au fil des ans, j'ai accumulé une énorme documentation, ouvrages de criminologie, journaux de faits divers, archives de police, photos et vidéos de scènes de crimes, confessions, dessins et écrits de tueurs. Je possède des centaines d'heures d'enregistrement de leurs interrogatoires qui m'aident à mieux cerner leurs personnalités.

Pourquoi est-il indispensable de décrypter, d'étudier les fantasmes de ces criminels et de les rencontrer ? À la différence des autres assassins, leurs mobiles restent mystérieux. Plus de 80 % des homicides à travers le monde sont commis au sein de la cellule familiale, et le motif du forfait est très vite identifié par les enquêteurs. L'endroit le plus dangereux n'est pas un parking isolé la nuit ou la sortie d'une discothèque à quatre heures du matin, mais son propre lieu de résidence. Par contre, le serial killer et sa victime ne se connaissent pas, d'où la difficulté pour les policiers de résoudre ce type d'affaires surtout s'il n'y a pas d'éléments matériels comme l'ADN et les empreintes digitales. Ainsi, il a fallu vingt-deux ans pour capturer le « Coast to Coast Killer » Tommy Lynn Sells qui a mené une vie d'errance à travers les États-Unis sans jamais laisser de traces derrière lui : pas de témoins vivants, pas de carte bleue ni de chèques. Il était devenu un tueur « invisible ». Chez les tueurs en série, il n'y a pas de mobile apparent ; il faut donc aller le chercher au cœur de ses fantasmes, d'où l'intérêt de « pénétrer » dans leur psyché pour mieux les comprendre. Pour les enquêteurs, cette meilleure connaissance est indispensable. Même si elle ne permettra jamais d'empêcher un passage à l'acte, elle pourra par contre sauver des vies en les arrêtant plus vite. « Profiler » les serial killers a permis au FBI d'élaborer une base de données informatiques, le VICAP, pour rapprocher des crimes isolés entre eux. Depuis, le Canada a amélioré le système avec le VICLAS, qui est en fonction dans la plupart des pays européens ; en France, nous avons le SALVAC, commun aux services de police et de gendarmerie.

Dans mon ouvrage *Moi, serial killer*, j'ai choisi de rassembler des écrits, aveux ou dessins de ces criminels. Quelles en sont les sources ? Ce sont parfois des textes que m'ont confiés les tueurs eux-mêmes à l'aube de leur exécution comme Danny Rolling, « L'Éventreur de Gainesville », des confessions signées de leur main à l'image de H.H. Holmes, Joseph Vacher, Dennis

Nilsen, Henri Vidal ou Carl Panzram. D'autres sont issus des interrogatoires menés par des policiers ou des psychiatres et consignés dans des procès-verbaux judiciaires tels ceux d'Otto Wilson. Certains de ces tueurs en série ont choisi pour s'exprimer la forme allégorique de la fiction, comme Charles Manson, le gourou meurtrier, ou encore William Bonin, le terrifiant routard du crime des autoroutes de Californie. L'échange de correspondance ou l'envoi de courrier aux médias et à la police est aussi pour eux une manière d'affirmation, voire de provocation, pour incarner leur toute-puissance vis-à-vis du monde entier.

Je ne cache pas que ces écrits et dessins peuvent être dérangeants, et ce n'est pas par une volonté morbide et voyeuriste que j'ai choisi de les rendre publics. Je reconnais volontiers que plusieurs textes m'ont choqué et même perturbé. J'avoue mon profond malaise à la lecture de l'expression des fantasmes nécrophiles de « L'Étrangleur à la cravate » Dennis Nilsen, au point que je me suis décidé à autocensurer plusieurs des passages de son récit pour les « adoucir » avec la suppression de termes bien trop crus et violents.

Comme nous l'avons constaté, l'existence de ces serial killers est tout entière vouée à assouvir leurs pulsions. Les crimes incarnent à leurs yeux l'œuvre de toute une vie, en quelque sorte un « Je tue donc je suis ». Ce type de criminel ne « crée » pas cette « œuvre » avec l'idée de devenir un artiste. Un certain nombre d'entre eux expriment une volonté affirmée d'auto-analyse (lorsqu'ils en sont capables) pour tenter de décrypter leur psychopathie et leurs actions meurtrières. Leurs écrits et autres sont d'authentiques documents de l'humain dans ce qu'il a de plus inhumain en matière de folie, de psychose, de sadisme, de perversion ou de sexualité déviante. Ce désir irrésistible d'incarner leurs pulsions criminelles, et de les faire connaître auprès du commun des mortels, les a souvent poussés à prendre des risques considérables au point, parfois, d'entraîner leur perte – arrestation, condamnation et exécution.

Depuis longtemps les écrivains, à l'image de Dostoïevski, Jim Thompson, Robin Cook ou James Ellroy, ont été passionnés par ce que Joseph Conrad qualifie de « fascination de l'abominable ». Mais aucun d'entre eux ne peut espérer atteindre la glaciale intensité dénuée d'émotion d'un assassin multirécidiviste. Il n'y a aucun glamour, aucune beauté dans la réalité nihiliste d'un meurtre, pas plus que dans celle de la Mort, cette destination finale. Leur « œuvre » n'a rien à voir avec la démarche esthétique de certains surréalistes comme Luis Buñuel ou Salvador Dalí. Ces criminels ont en commun le partage de l'ultime connaissance, celle que d'innocentes personnes ont payée de leur vie, détruites par leurs actions. Ils ont franchi cette ligne définitive que l'immense majorité d'entre nous n'oserait jamais franchir.

Cette démarche d'introspection peut être résumée par la présentation que fait de son texte le serial killer nécrophile Dennis Nilsen (« L'Étrangleur à la cravate » aux quinze victimes) : « Cette courte étude n'est pas une autobiographie. C'est une compilation narrative de ce que je pense être les traits saillants de ma Sexualité. Cependant mon récit *Autobiographie d'un garçon qui se noie* (écrit en 1988/1989) n'a pas été publié et il est même interdit de publication. En conséquence, il n'existe aucune version détaillée de mon existence et de mon "vrai Moi". Tout écrivain a droit à sa propre interprétation d'un sujet, ce qui n'implique pas qu'il faille être d'accord avec ses conclusions. J'ai passé presque neuf ans dans un climat propice à une longue introspection, sans une quelconque aide positive d'un conseiller ou d'un thérapeute. Il me revient donc la tâche d'explorer les recoins les plus sombres de ma personnalité dans l'espoir que je puisse en comprendre les mécanismes afin de trouver des solutions à mes problèmes d'une manière non destructrice. Lorsque l'on mesure le spectre de toute conduite humaine, personne n'est capable de découvrir les réponses définitives. Tout ce que nous pouvons espérer, c'est de mieux comprendre l'humanité plutôt que de se résoudre à l'ignorance et aux préjugés. » Encore plus direct, Carl Panzram, qui a assassiné vingt et une personnes, affirme : « Les hommes ont étudié le crime. Ses causes, ses conséquences et le remède. Beaucoup en connaissent les effets. Beaucoup ont compris les causes. Moi seul, je connais le remède. La réponse est la Vérité. »

Stéphane Bourgoin

LA BÊTE INHUMAINE

Carl Panzram

« Jamais je ne changerai, même si les portes du Paradis s'ouvrent en grand devant moi et qu'on m'offre un million de dollars. Je n'ai aucune envie de faire le bien ou d'être bon. » Ces phrases résument à merveille l'existence de Carl Panzram, l'un des plus terrifiants serial killers et l'un des plus méconnus, même si James Woods l'incarne au cinéma dans *Killer : A Journal of Murder* (1995), un film médiocre de Tim Metcalfe, sans oublier le docu-drama de John Borowski *Carl Panzram : The Spirit of Hatred and Vengeance* (2011).

Il est aussi le premier tueur en série à avoir écrit son autobiographie dans le couloir de la mort entre 1929 et 1930. Elle sera publiée en 1970, encadrée par des textes de Thomas E. Gaddis et James O. Long, qui supervisent l'incarcération de Panzram à la prison de Leavenworth. Le nom du tueur en série ne figure même pas comme « coauteur » lors de la publication de l'ouvrage par The MacMillan Company. Voici comment le condamné # 31614 se présente dans le prologue de ses mémoires : « J'ai commencé à faire de la taule à l'âge de 11 ans, et je n'ai pratiquement plus fait que ça pendant le reste de mon existence. Je ne suis jamais resté très longtemps en liberté.

« Ce que vous avez fait et que vous m'avez infligé, vous le faites aussi subir aux autres. Ce que je vous ai fait, d'autres le font aussi. C'est un cercle sans fin.

« J'ai agi comme on m'a appris à le faire. Je ne suis pas différent des autres. Vous m'avez enseigné les ficelles de l'existence, et j'ai suivi vos préceptes. Si vous continuez à le faire, il vous faudra en payer le prix, et ce prix est très coûteux. Vous perdrez tout, même votre vie.

« Maintenant, vous qui ne connaissez ni moi ni mes désirs, vous décidez sans me consulter d'aucune manière ; vous remettez en cause le jugement d'une Cour légalement constituée et la légitime condamnation qui m'a été infligée. Pour vous remercier de tous vos efforts, je n'ai qu'un unique souhait, c'est que vous ayez tous un seul cou sur lequel je pourrais poser mes mains.

« Je n'ai aucune envie de changer. Mon seul désir est de réformer ceux qui tentent de me changer. Et je crois que l'unique manière de réformer des personnes, c'est de les tuer.

« À n'importe quel moment, je peux être transféré vers un autre pénitencier, un asile psychiatrique ou un couloir de la mort, et ça m'est complètement égal. Ils ne me garderont pas longtemps car aucun pouvoir sur cette terre ne pourra me garder vivant et emprisonné pour une longue période encore. J'ai juste envie de finir mes mémoires pour donner ma vision des choses, même s'il ne s'agit que d'un seul lecteur. Mais un seul homme ou des millions, peu importe à mes yeux. Quand j'aurai fini, eh bien, ce sera la fin et rien d'autre n'importe à mes yeux.

« Durant mon existence, j'ai tué vingt et une personnes, j'ai commis des milliers de cambriolages, vols ou actes de pyromanie, et j'ai aussi sodomisé plus d'un millier d'hommes. Et je n'en ai pas le moindre remords. Je n'ai pas de conscience et ça ne me trouble pas le moins du monde. Je ne crois pas en l'humanité, ni à Dieu ou au Diable. Je hais viscéralement cette putain de race humaine, y compris moi-même.

« Si vous prenez la peine d'examiner en détail tous mes crimes, vous vous rendrez compte que j'ai toujours suivi un seul et unique précepte dans l'existence. De m'attaquer aux plus faibles, aux plus vulnérables et à ceux qui n'étaient pas sur leurs gardes.

« C'est ce qu'on m'a appris : la puissance fait Loi.

Carl Panzram Matricule 31614 »

Il détaille ainsi son parcours judiciaire :

« Écrit par Carl Panzram

« 3 novembre 1928. District Jail Wash. D.C.

« Né le 28 juin 1892.

« East Grand Forks. Minnesota.

« La liste complète des prisons, maisons de redressement et institutions d'État ou fédérales que j'ai fréquentées.

« Les motifs de mes condamnations.

« Le temps que j'y suis resté.

« Comment j'en suis sorti.

« N° 1. East Grand Forks. Minn. Vol et mauvaise conduite. 1903. Prison du Comté.

« N° 2. Red Wing. Minn. La maison de redressement de l'État du Minnesota. J'y suis resté presque deux ans.

« N° 3. Butte. Montana. Cambriolage. Trois mois dans la prison du Comté puis jugé devant la Cour du Comté et envoyé dans le Montana.

« N° 4. Maison de redressement de Miles City. Mont. Un an environ avant une évasion réussie. C'est en 1905. Sous ma véritable identité de C.P.

« N° 5. Je m'engage dans l'U.S. Army en 1906 à Helena, la capitale du Montana, sous le nom de Carl Panzram. Stationné à Fort Harrison au sein du 6e régiment d'infanterie à A. Co. Incarcéré peu de temps après pour des vols et condamné à 3 ans par une Cour martiale de l'U.S. Army.

« N° 6. Envoyé à la prison militaire de Fort Leavenworth. Kansas. J'y suis pour 37 mois. Décharge militaire.

« N° 7. En 1910 ou 1911, je suis arrêté à Jacksonville dans le Comté de Cherokee au Texas sous l'identité de Jeff Davis. On m'envoie à Rusk pour y être jugé pour vagabondage. Je voyageais sur le toit d'un wagon de marchandises armé de deux pistolets. Dans un gang de chaînes au County Road. 65 jours avant de m'évader. La nuit suivante je suis à Houston et c'est le jour du grand incendie. Je pense que c'est au début de 1911.

« N° 8. 1911 ou 1912 à Fresno. Californie sous le nom de Jeff Davis, je crois. Vol à la tire. J'écope de 120 jours, j'en fais 30 et je me casse.

« N° 9. The Dalles. Oregon sous le nom de Jack Allen. 1912 Vol à main armée et agression. J'attends trois mois pour être jugé avant de m'évader.

« N° 10. Seattle Wash. 1912. Vol à la tire Nom Jeff Davis. Un mois de prison.

« N° 11. Moscow. Idaho. 1912. Vol à la tire et complicité dans l'évasion d'un prisonnier. 30 jours toujours Jeff Davis.

« N° 12. Cinook. Mont. Cambriolage. Un an de prison sous le nom de Jeff Davis, 8 mois effectués. Et une évasion. Arrêté 1 mois plus tard à Three Forks Mont.

pour un cambriolage sous le nom de Jeff Rhodes. Condamné à un an dans la prison d'État. Deer Lodge Mont. Lorsqu'on m'a ramené à la prison, la Cour du Comté de Deer Lodge où ils m'ont collé un an de plus pour mon évasion. Pour ces trois condamnations, j'ai purgé deux ans.

« N° 13. Astoria Oregon 1904, sous le nom de Jeff Baldwin pour cambriolage. 7 ans à Salem State Prison. Je fais un an avant de m'évader. Rattrapé. Un an de plus et nouvelle évasion. Pendant ma fuite, je vole un type et j'échange des coups de feu avec un adjoint du shérif d'Eugene. Pour ces deux crimes, je reçois deux condamnations de plus, 2 ans pour le vol à main armé et 8 ans pour l'échange de coups de feu. En tout, 17 ans à tirer dans l'Oregon, mais je n'en fais qu'une année avant de m'évader à nouveau. Je dois encore 14 ans à cet État. Après m'être évadé de la prison à Salem en mai 1918, j'ai changé de nom pour devenir John O'Leary avec passeport et papiers d'identité. De 1918 à 1923, je suis allé en Amérique du Sud, Europe et Afrique. J'ai été dans 31 pays où partout j'ai volé et dépensé des milliers de dollars, tué et commis des cambriolages ainsi que d'autres crimes. Je n'ai été que deux fois en prison :

« N° 14. J'ai passé dix jours pour vol à Barlinnie Prison à Glasgow. 1919.

« N° 15. Six mois à Bridgeport. Conn. Pour cambriolage et possession d'armes. En 1920 et 1921.

« N° 16. Ma dernière arrestation avant celle d'où je vous écris en 1923 à Larchmont N.Y. On m'a envoyé à White Plains devant la Cour du Comté et un séjour à Sing Sing puis un transfert à Clinton Prison dans la ville de Dannemorra N.Y. où j'ai servi 5 ans. Libéré le 6 juillet 1928.

« N° 17. Arrêté 36 jours plus tard à Baltimore MD. J'espère que c'est la dernière fois car j'en ai marre et je suis très fatigué. Ce sont les principaux endroits mais il y en a bien une centaine d'autres où je suis resté d'un jour à une semaine. En tout j'ai passé une vingtaine d'années derrière les barreaux alors que je suis âgé de 36 ans. »

Né au sein d'une famille de « travailleurs, durs au mal, ignorants et pauvres » d'origine allemande qui vit dans une ferme du Minnesota, le père les abandonne alors que Carl est âgé de 7 ans. Quatre ans plus tard et déjà doté d'une carrure impressionnante, il quitte ses proches pour se lancer dans l'aventure, direction la Californie. Il vole un gâteau, quelques pommes et un pistolet pour monter à bord d'un train de marchandises. Mais il se fait prendre avant de pouvoir aller très loin.

Carl Panzram est envoyé dans une maison de redressement, la « Minnesota State Training School » à Red Wing où deux religieux fanatiques tentent de lui inculquer l'amour de son prochain à coups de fouet et de savates. À l'atelier de peinture, comme le raconte Carl Panzram avec un certain humour, « ils nous ont repeint le corps en bleu » et il n'a qu'une envie « c'est de crucifier Jésus encore et encore ». Pour se venger, il met de la mort aux rats dans le riz au lait du directeur et il brûle l'atelier de peinture, ce qui engendre des dommages à hauteur de 100 000 dollars. Il n'a que 12 ans. Après deux ans passés à l'institution de Red Wing, l'adolescent rebelle en a tiré des leçons, comme il l'explique dans *Killer* : « voler, mentir, haïr, brûler et tuer. J'ai appris qu'un rectum pouvait servir à autre chose qu'à crépiter. Je me suis juré de voler, incendier, détruire et tuer partout où j'irai, pendant le reste de mon existence. »

Panzram est confié à la garde de sa mère qui pleure le décès par noyade de son fils favori et qui l'envoie dans une école luthérienne. Moqué par les autres pensionnaires à cause de son séjour dans une maison de redressement, il les frappe et menace le directeur avec un Colt .45. Il monte à nouveau à bord d'un wagon de marchandises où son voyage tourne au cauchemar : « Une nuit en Californie j'ai grimpé à bord d'un train de marchandises. J'étais seul et j'ai eu envie de parler à quelqu'un d'autre. J'ai sauté de wagon en wagon jusqu'à un chargement de bois à ciel ouvert. Quatre clodos plutôt costauds s'y trouvaient déjà. Je leur ai parlé du wagon où j'étais, bien au chaud et rempli de paille. Ils ont tout de suite été sympas et m'ont demandé de les guider. Une fois la porte refermée, le train a quitté la gare. J'aurais mieux fait de rester seul car ils ont commencé à me dire à quel point j'étais un gentil garçon et qu'ils allaient faire ma fortune. M'acheter des sous-vêtements en soie et me couvrir de diamants. En fait, ils m'ont pratiquement tout promis, mais je devais d'abord leur offrir un petit quelque chose.

« Lorsqu'ils m'ont expliqué ce qu'ils voulaient j'ai vite compris que j'étais mal tombé. Je leur ai dit non. Mais cela n'a rien changé. Ils ont utilisé la force. J'ai pleuré, supplié et demandé pitié, mais rien n'y a fait. J'ai quitté ce wagon malade, triste mais aussi beaucoup plus avisé que lorsque j'y étais monté. Après ça, je suis toujours resté seul ou presque.

« J'ai eu une autre expérience similaire avec les hommes. Un dimanche après-midi j'étais dans une petite ville de l'Ouest. J'étais juste un jeune garçon pauvre, ignorant, sans amis et naïf. J'étais fauché et mort de faim, j'ai vu un groupe de traîne-savates qui passaient le temps à picoler dans une étable. Lorsque je suis allé les supplier de me donner quelque chose à manger en leur racontant mes mésaventures, que j'aimais Jésus, que j'étais un bon garçon, que je leur donnais mon âge, ils ont été très intéressés et sympathiques. Ils ne m'ont pas promis des caleçons de soie ou des bijoux, mais ils avaient un autre plan en tête. Ils m'ont dit que la bière était bonne et que le whisky était extra. Ils m'ont d'abord proposé un petit verre puis une dose plus forte. Bientôt j'étais saoûl comme une bourrique au point de ne plus connaître mon nom, et même de ne plus savoir quoi que ce soit. Mais j'ai su quelque chose à mon réveil.

« Ces deux expériences m'ont appris plusieurs leçons. Des leçons que je n'ai jamais oubliées. Je ne voulais pas les apprendre, mais j'ai découvert que ce n'est pas ce que l'on veut dans la vie qu'on obtient. La force et la puissance font la loi. Peut-être que ça ne devrait pas être le cas mais c'est ainsi. J'ai appris à devenir soupçonneux et à haïr tout le monde. Avec les années, cette idée a persisté en moi et a dominé toutes les autres. Si je suis assez costaud et malin pour imposer ma volonté aux autres, tout ira bien pour moi. Et j'en suis toujours convaincu.

« Une autre leçon, c'est qu'il y a plein de bonnes choses en ce bas monde. Notamment le whisky et la sodomie. Mais ça dépend avec qui et comment on les utilise. J'en ai beaucoup abusé et tiré beaucoup de plaisir depuis ces deux premières expériences. Ce furent mes années d'apprentissage qui m'ont fait devenir ce que je suis. Ces hommes m'ont transformé, et si ça ne leur plaît pas, peu importe, ils en sont responsables. »

Panzram atterrit à Butte, la capitale du Montana, où il est incarcéré pour de nouveaux larcins. Il s'évade de la Montana State Reform School pour incendier des églises au hasard de ses déplacements durant les deux années suivantes. Il s'engage dans l'U.S. Army à l'âge de 16 ans après une nuit de libations, mais, encore une fois, il ne parvient pas à s'adapter à la discipline. En avril 1907, il est condamné à trois ans de prison à Fort Leavenworth (Kansas) pour avoir volé du matériel militaire. Sa révolte permanente lui vaut de nombreuses punitions.

« J'y étais depuis peu de temps lorsque j'ai voulu m'évader mais j'ai joué de malchance. Ensuite j'ai brûlé les ateliers de la prison. Cette fois-ci, je me suis servi d'une bougie à l'intérieur d'un bidon. Au fond du récipient, j'avais entassé plein de chiffons saturés d'essence. Lorsque la bougie s'est consumée pour atteindre le fond, tout a explosé. Tout y est passé. Encore cent mille dollars à mon actif, et ce qui est le plus amusant, c'est que personne à ce jour ne sait que c'est moi qui leur ai joué ce vilain tour. J'étais en uniforme de bagnard comme prisonnier de troisième classe pendant tout mon séjour là-bas. Je créais toujours des embrouilles. Mon job était de casser des pierres avec un marteau dans une carrière. Mon matricule était le 1874 et j'y étais sous mon vrai nom de Carl Panzram. J'y ai fait 37 mois. J'ai abattu beaucoup de boulot, et de punitions aussi. Le seul avantage, c'est qu'ils ne m'ont pas fait bouffer de Bible.

« À cette époque, j'avais 20 ans pour 1m82 et 86 kilos de méchanceté absolue. J'étais aussi costaud que deux ou trois hommes normaux. Il le fallait pour endurer le travail de forçat et les punitions infligées pendant mes 3 ans au U.S.M.P. On m'a, par exemple, attaché à une boule de fer qui pesait 25 kilos pendant 6 mois. J'y étais enchaîné jour et nuit, je dormais et je travaillais avec cette boule. La carrière où je bossais était à environ 5 kilomètres de la prison. Nous étions environ 300 forçats à nous y rendre encadrés par 40 gardiens. On y allait le matin pour rentrer le soir. Les autres prisonniers ne portaient rien, moi j'avais la boule, le marteau de 9 kilos, une pioche et une barre de fer de 2 mètres de long, le tout dans une brouette. J'étais le dernier de la file. Ensuite c'était huit heures et demie à casser du roc sous le chaud soleil du Kansas avant de remballer le tout pour rentrer. Dîner avec de la morue puante, de la viande bouillie graisseuse avec du riz moisi ou des haricots. Mais tout ce traitement avait aussi un avantage certain. Plus la bouffe était dégueu, la punition dure, et plus je devenais fort. J'avais abandonné mon habitude de me masturber car je ne pouvais plus y arriver après tout ce travail forcé et les punitions subies.

« J'ai été libéré en 1910 pour devenir l'incarnation du Mal absolu. À cette époque je ne me détestais pas encore. Je haïssais seulement tous les autres, sans aucune exception. »

Pendant une année, il vagabonde au Texas, dans l'Illinois, le Missouri et le Kansas où il travaille comme vigile pour les chemins de fer, briseur de grèves et manœuvre dans un cirque itinérant. En 1911, avec l'aide d'un complice, il agresse un voyageur et lui dérobe 35 dollars. Puis il l'attache, pieds et poings liés, avant de lui fourrer une chaussette dans la bouche. « Je me suis dit qu'il fallait en profiter et pratiquer une petite sodomie. Je pense qu'il est toujours là où je l'ai balancé du train, à moins que les vautours et les coyotes ne lui aient réglé son compte. » Il s'engage brièvement dans la Légion étrangère de l'armée mexicaine, avant de déserter à nouveau. Sa vie d'errance se poursuit, émaillée par d'innombrables viols : « Chaque fois que j'en croisais un qui n'avait pas trop l'air rouillé, je lui ordonnais de lever les bras en l'air et de baisser son froc. Je suis devenu un immense expert en sodomie, bien plus qu'Oscar Wilde n'aurait pu le rêver. Et j'enculais tellement que je n'avais même plus une seconde pour penser à Jésus et à tous ses saints, comme on me l'avait enseigné dans ces maisons de redressement. »

En prison, un codétenu lui apprend à faire sauter les coffres ; il met à profit cette technique pour faire s'effondrer le mur d'enceinte et s'évader. En 1915, Carl Panzram est âgé de 23 ans lorsqu'il se fait arrêter dans l'Oregon pour plusieurs vols. Il plaide coupable pour éviter une condamnation trop lourde, mais la justice ne l'entend pas de cette oreille et le condamne à la peine maximale. Fou de rage, il « arrache tous les radiateurs, les tuyaux, les fils électriques, brise toutes les tables, la vaisselle, les livres de la bibliothèque, les vêtements et matelas de l'établissement, avant d'y mettre le feu ». En retour, il écope d'une sentence de sept ans dans le pénitencier au régime le plus dur de l'État, l'Oregon State Penitentiary. Les détenus doivent rester silencieux en permanence et, lorsqu'ils se déplacent, poser une main sur l'épaule du prisonnier qui les précède, les yeux baissés vers le sol. À chaque fois que la règle n'est pas respectée, celui qui l'enfreint a droit à un matraquage en règle.

À chaque occasion, Panzram tente de s'évader. Lors d'une tentative en compagnie d'Otto Hooker, ce dernier abat le directeur de l'établissement. Si Hooker parvient à s'échapper, Panzram est repris et doit essuyer les foudres du nouveau directeur qui n'est autre que le frère de la victime. Malgré tous les châtiments corporels qu'il subit, il reste indomptable et il met deux fois le feu aux ateliers de la prison. Une nouvelle tentative d'évasion lui vaut d'être « attaché par les bras avec des chaînes, d'être dénudé et arrosé pendant des heures avec une lance à incendie. Après avoir perdu connaissance, j'étais devenu quasi aveugle, le corps gonflé, tuméfié, avec des meurtrissures partout, mes parties génitales étaient devenues aussi grosses que celles d'un âne. Beaucoup de personnes ont payé de leur vie ce qu'on m'a infligé ce dimanche matin. »

Les traitements subis par les détenus sont si violents que le directeur est renvoyé. Et c'est Charles Murphy, un partisan de méthodes humanistes, qui le remplace. Carl Panzram en est à sa huitième tentative d'évasion. « J'ai pensé que ça devait être un pédé. Mais ce nouveau régime me convenait. » Il se voit offrir des rations supplémentaires et des livres. Murphy lui donne la possibilité de sortir à sa guise tous les jours s'il promet de revenir le soir dormir dans sa cellule. Panzram se plie à ce régime pendant deux mois et il devient même le porte-drapeau de l'orchestre du pénitencier. Un jour, il prend une cuite, couche avec une infirmière, avant de prendre le large à bord d'un train de marchandises. Il tire sur le shérif d'une petite ville, avant d'être capturé. Lors de son procès, Charles Murphy témoigne : « Je sais que je ne pourrai plus jamais lui faire confiance. Son cas est absolument désespéré. »

Quelques mois plus tard, Panzram réussit son évasion au cours de laquelle trois prisonniers sont abattus par des gardes. Il adopte l'identité de « John O'Leary » et s'embarque comme marin pour un tour du monde meurtrier. « En 1920, après un vol de bijoux, j'ai gagné 3000 dollars et j'en ai profité pour acheter un voilier, l'*Akista*. Je me suis dis que ce serait chouette d'engager quelques matelots, de les faire boire, puis de les sodomiser, avant de les voler et de les tuer. Pendant trois semaines, j'ai agi de la sorte. Dès qu'ils étaient ivres morts, je leur faisais sauter le caisson avec mon Colt calibre 45. Ensuite, j'attachais une corde avec une pierre à leur corps pour les balancer par-dessus bord, à City Island, près du port de New York. Il y en a dix qui sont toujours là, au fond de l'océan.

« Après avoir perdu mon yacht dans une tempête, j'ai pris un navire pour l'Europe pour le voler ensuite. De là, je suis parti pour Matadi, au Congo belge. Puis vers Luanda, en Angola. J'ai bossé pour la "Sinclair Oil Company", à gérer leurs nègres, et je me suis bien occupé à leur rendre la vie infernale, ça je peux vous l'affirmer ! J'ai voulu m'acheter une jeune négresse et j'ai payé un bon prix à ses parents. Environ 8 dollars. Et ça, parce que c'était une vierge. Soi-disant. Elle avait 11 ou 12 ans. Je l'ai emmenée dans ma cabane avant de la rapporter le lendemain matin. Ils m'avaient menti, elle n'était pas vierge et j'ai exigé d'être remboursé. Ils m'en ont proposé une autre, plus jeune. Mais c'était encore une arnaque. J'ai arrêté de chercher une fille vierge. J'ai opté pour un garçon.

« J'en ai dégotté un. Un de nos serveurs. Je lui ai appris les bienfaits de la sodomie civilisée, telle qu'elle est pratiquée chez nous. Mais c'était un sauvage qui ne voulait rien savoir. Il m'a dénoncé au boss qui m'a viré sur-le-champ. Je lui ai donné une bonne leçon. Je suis retourné à Luanda pour chercher de l'aide auprès du consulat américain. Ils n'ont rien fait car ils me connaissaient de réputation. En quittant les bureaux, je me suis posé sur un banc pour réfléchir à ma situation. Un petit noircicaud de 11 à 12 ans est venu m'emmerder. Il cherchait quelque chose. Et il l'a trouvé. Je l'ai emmené dans une carrière proche de la “Sinclair Oil Company”. Je l'ai laissé là, mais pas avant de l'avoir sodomisé et tué. Son cerveau lui sortait par les oreilles quand je l'ai quitté. Plus mort que ça, c'est impossible. Il y est toujours, aux dernières nouvelles.

« Le soir même, j'ai embarqué à bord d'un navire à vapeur pour Lobito Bay. J'ai loué un canot avec six nègres, à la recherche de crocodiles. J'en ai trouvé plein. Ils étaient tous affamés. Je les ai nourris. J'ai tiré une balle dans la tête de chacun des six nègres, avant de les balancer dans la flotte. Les crocos ont fait le reste. (...) De retour aux États-Unis, en juillet 1922, à Salem, dans le Massachusetts, j'ai fracassé le crâne à coups de pierre d'un gosse de 11 ou 12 ans. J'ai pratiqué une petite sodomie sur lui avant de m'en débarrasser [la victime était Henry McMahon, âgé de 12 ans]. »

Carl Panzram continue son existence faite d'errance, de viols, d'assassinats, de vols, à Philadelphie, Baltimore, La Nouvelle-Orléans, Jacksonville, New Haven, Providence, puis New York, avant de purger six ans de prison à Sing Sing et à Dannemora. À Dannemora, la surpopulation carcérale est énorme. En 1927, il y a 1534 détenus pour 1160 places. On y envoie tous ceux qui ont été condamnés à quatre reprises et les « Baume Laws » font qu'ils écopent d'une réelle perpétuité même s'ils ont, par exemple, été pris à voler quatre fois une pomme.

« Mon esprit est complètement focalisé à l'idée d'emmerder et de punir mes adversaires, et tout le monde est mon ennemi. Voilà mon état d'esprit à ma libération au bout de ces cinq années. Mon but est de voler, violer et tuer le plus de personnes possible, et vraiment tout le monde. Je veux commettre assez de cambriolages pour réunir quelques centaines de dollars et me rendre dans un tunnel ferroviaire entre Meyersdale, Pennsylvanie, et Cumberland dans le Maryland. Mon plan est de placer une bombe sur les rails, au milieu du tunnel, pour que l'explosion piège le convoi et déclenche la libération d'énormes bonbonnes de verre de formaldéhyde et de sulfure. En l'espace de quelques minutes tous les passagers du "Capitol" ou du "National Limited" sont tués. Je suis posté à l'entrée du tunnel prêt à abattre quiconque échapperait au carnage. Dès que je suis certain du décès de tout le monde, je récupère tous les portefeuilles et objets précieux des voyageurs. Entretemps, je place une autre bombe à une vingtaine de kilomètres de distance pour détruire la voie et empêcher l'arrivée sur place du train suivant. J'ai ainsi environ une heure et demie de répit. Je compte gagner entre 50000 et 100000 dollars avec ces 300 à 400 passagers. Je dépose mon butin dans une cachette avant de partir les mains dans les poches. Au bout d'un ou deux mois, je viens récupérer mon trésor pour le changer en cash à New York. Avec des fonds illimités, j'ai la possibilité de voler des millions et de tuer aussi des millions de personnes. Mon but est de déclencher une guerre entre les États-Unis et l'Angleterre. Je sais que cela paraît impossible, mais j'y serais arrivé, croyez-moi. Je vais d'abord à Wall Street pour placer mon argent chez différents courtiers, sachant quelles valeurs allaient s'effondrer ou grimper en cas de déclenchement d'hostilités entre les deux pays. J'avais l'intention de couler un navire de guerre britannique dans les eaux territoriales américaines. Une tâche très facile. Il suffit d'attendre qu'un bateau jette l'ancre dans la baie de l'Hudson.

« Une nuit, je me rends avec deux chaloupes attachées l'une à l'autre à environ deux ou trois mètres du navire anglais. L'une d'elles est bourrée de TNT jusqu'à la gueule avec une mèche destinée à brûler quinze minutes. Je jette l'ancre du bateau-bombe avant de m'éloigner avec l'autre. Les rares survivants témoigneraient avoir vu un homme en uniforme de l'U.S. Navy, ainsi que des drapeaux américains flotter à bord des deux chaloupes. Mais si ça n'est pas assez, je me rends aux Antilles anglaises pour y acheter un yacht britannique, l'enregistrer au nom du Royaume-Uni avec un équipage et un capitaine, tous de cette même nationalité. Je le charge de plusieurs tonnes d'explosifs sous couvert d'un cargo inoffensif pour ordonner que le navire fasse route jusqu'au canal de Panama. Sur place, je pose une bombe à retardement sur l'une des digues. Cela fait sauter le yacht et son équipage, tout en détruisant le canal de Panama. Là, le déclenchement des hostilités est assuré et je n'ai plus qu'à engranger des millions de dollars à Wall Street. J'ai travaillé sur des bateaux et je connais le canal de Panama pour y avoir été contremaître au sein de la Division des fortifications et de la gestion du bétail. Là-bas, j'ai fait sauter un grand nombre de bombes, et je suis capable de fabriquer des explosifs de toutes sortes. Ces plans peuvent vous sembler complètement farfelus et grandioses, comme impossibles à réaliser par un homme seul, mais je suis tout à fait certain que j'aurais pu les accomplir si la chance ne m'avait pas tourné le dos. (Je n'ai été libre qu'un mois et six jours pendant cette période mais j'ai commis 12 cambriolages et un meurtre. J'avais ce but en tête et j'y travaillais le plus vite possible.) Si vous doutez de mes dires, prenez un tableau horaire de "Pennsylvania Railroad" et regardez les horaires du "National Limited" ou du "Capitol Limited". Regardez sur une carte et vous découvrirez l'existence de ce tunnel entre Meyersdale et

Cumberland. J'y suis allé en repérage et je sais exactement où placer la dynamite et les mèches.

« Je passais tout mon temps libre à chercher de nouveaux moyens pour tuer le plus grand nombre de personnes, sans que cela me cause du tort. J'ai finalement trouvé un moyen pour décimer une ville entière : hommes, femmes, enfants, et même chiens et chats. Je me procure un baril d'arsenic, ensuite j'achète six à huit porcs que j'affame, avant de leur donner un mélange de farine, d'eau, de mash et de poison. Ils se remplissent la panse avant de crever au bout d'une à deux heures. Puis je les suspends par leurs pattes arrière au-dessus de baignoires pour que le poison gluant et la mousse s'écoulent à l'intérieur des bacs. Je filtre cette masse jusqu'à ce qu'elle s'assèche et durcisse. Je fabrique trois gros pots d'argile afin qu'ils puissent s'emboîter les uns dans les autres. Je les remplis avec ce poison pour déposer les trois récipients au fond d'une crique qui s'écoule et alimente le réservoir d'eau potable de la ville. Cela aurait empoisonné un grand nombre d'habitants qui seraient morts dans d'atroces souffrances. Le temps qu'ils se rendent comptent de ce qui se passe, tous les médecins du monde n'auraient rien pu y changer. Lucrèce Borgia a utilisé ce même moyen mais sur une plus petite échelle. Les Borgia, c'était de la rigolade. Ils n'ont pas assez tué. Ils auraient dû décimer tout le monde pour laisser en héritage l'unique bonne chose sur cette planète, la Nature. La Terre se porterait à merveille sans les êtres humains.

« Quand ils m'ont libéré, ils m'ont dit que j'étais aussi pur qu'une fleur de lys, vierge de tout péché, et que je pouvais m'en aller de par ce monde pour faire le Bien. Dix-huit jours plus tard, j'avais déjà commis six à huit cambriolages, un meurtre deux jours après à Baltimore, et douze jours plus tard encore, un cambriolage à Washington, D.C. Le jour suivant, deux nouveaux vols à Baltimore. C'est là qu'on m'a arrêté pour me rapatrier à Washington. »

Libéré en juin 1928, il est incarcéré à Washington où sa tentative d'évasion lui vaut un traitement inhumain. Trois jours de tortures le laissent brisé et un jeune gardien, Henry Lesser, prend pitié de lui. Lesser se rend compte que Panzram est très cultivé, qu'il est un fin connaisseur de Schopenhauer et de Nietzsche. Une amitié se noue entre les deux hommes et le récidiviste accepte de coucher sa vie sur des cahiers.

Transféré à la prison de Leavenworth, ils continuent à correspondre. En juin 1929, Carl Panzram tue un gardien en le frappant à mort. Lors de son procès l'année suivante, il refuse qu'un avocat le défende et il est condamné à la pendaison le 5 septembre 1930. Il renonce à toutes ses procédures d'appel : « Je préfère mourir de cette façon, et si je possède une âme, je veux mourir ainsi, plutôt que cette mort lente dans un donjon ou dans un asile psychiatrique à la cellule capitonnée. Ma devise est : "Vole-les tous, viole-les tous, et tue-les tous !" »

Il marche sans peur et sans crainte vers le gibet qui est édifié pour sa seule exécution, vu ses cent cinq kilos. En chemin, il croise deux prêtres. « J'espère qu'il n'y a pas de suceurs de bites cathos ici ? » hurle-t-il. Les deux curés s'enfuient sans demander leur reste.

Sur l'échafaud, lorsque le bourreau lui demande s'il souhaite prononcer d'ultimes paroles, Carl Panzram rétorque, d'une voix ferme : « Putain, tu te magnes le cul, espèce de salopard de l'Indiana, j'aurais déjà pu en pendre une douzaine, vu le temps que tu prends ! »

LE BOUCHER DE HANOVRE

Fritz Haarmann

« Je n'ai jamais eu l'intention de tuer ces jeunots. Certains de ces garçons sont revenus à plusieurs reprises. Je voulais alors les protéger de moi-même. Je savais que si je démarrais quelque chose, c'en serait fini pour eux, et ça me faisait pleurer. Je leur disais, "Ne me rendez pas dingue", car si je perdais la raison, j'allais les mordre et leur sucer le cou. Certains des garçons qui fréquentaient le Café Kröpcke aimaient bien bâillonner ou asphyxier leur partenaire. Parfois, nous nous querellions pendant des heures. Ce n'est pas facile pour moi de poursuivre, croyez-moi. Ces derniers temps, ça arrivait avec une plus grande fréquence. Et cela m'inquiétait. "Mon Dieu, quand est-ce que ça va s'arrêter ?" Je me jetais sur ces garçons. Ils étaient épuisés par nos ébats et la débauche. Je les mordais dans la pomme d'Adam, parfois, en les étranglant en même temps. Je m'effondrais sur leurs cadavres. Ensuite, je me servais une grande tasse de café bien noir et serré. Je déposais le corps sur le plancher et je recouvrais la tête d'une serviette, pour qu'ils ne me regardent pas. J'effectuais deux découpes à l'abdomen pour retirer les intestins et les placer dans un seau. J'épongeais tout le sang de la cavité abdominale avec un chiffon, jusqu'à ce qu'il n'y en ait plus. Je continuais en faisant trois incisions depuis les côtes jusqu'aux épaules. Je prenais ensuite les côtes à pleines mains et je poussais jusqu'à briser les os autour des épaules. Au même endroit, je désossais. Au tour du cœur, des poumons, des reins que je retirais pour les morceler et les jeter à leur tour dans le seau. Ensuite, je m'employais à détacher les jambes et les bras. Je grattais toute la chair des os pour en remplir mon sac en toile cirée. Le reste de la chair allait sous le lit ou dans la cachette de mon placard. Cela me prenait cinq à six voyages pour me débarrasser de tout ça, dans les toilettes de l'immeuble ou dans la rivière. Je découpe le pénis, après avoir nettoyé toutes les autres cavités. Et je le morcelle en pièces minuscules. J'ai toujours détesté faire ça, mais je ne pouvais pas m'en empêcher… ma passion était tellement plus forte que l'horreur de la découpe et du dépeçage.

« Je coupe les têtes en dernier. Je me sers du petit couteau de cuisine pour retirer des lanières de chair du crâne. Je le place face contre terre sur un matelas de paille et je le recouvre de serviettes pour que cela étouffe le bruit. Je le frappe avec la face émoussée d'une hache jusqu'à ce que les os se brisent. Le cerveau va dans le seau et les morceaux dans la rivière, près du château. Ou dans un parc où je les écrase à coups de talon. Il m'est arrivé, à quelques rares reprises, d'être si pressé de me débarrasser du corps que j'ai jeté le crâne en entier dans les flots. Je distribuais les vêtements à mes connaissances, la plupart à Grans. Par amour. Les autres, je les vendais à Mme Engel ou à Mme Wegehenkel. Ou quelqu'un d'autre s'en chargeait. »

Entre 1918 et 1924, Fritz Haarmann, que l'on surnomme « Le Boucher de Hanovre », et que les médias qualifient de vampire, de meurtrier de masse ou encore de loup-garou, est condamné à vingt-quatre reprises à la peine capitale. Lors d'interrogatoires, il avoue quarante-cinq assassinats. À un psychiatre, il raconte avoir tué en moyenne deux victimes par semaine durant une période de seize mois. Si l'on fait ce calcul macabre, on arrive au chiffre astronomique de cent vingt-huit personnes, chiffre qui, au vu du nombre de disparitions d'adolescents et d'hommes à cette époque à Hanovre, ne paraît pas impossible. Une bonne partie de ces meurtres sont perpétrés avec Hans Grans, un jeune complice et amant.

Né le 25 octobre 1979, Friedrich Haarmann, dit « Fritz », est le sixième enfant d'une famille pauvre et nombreuse composée de trois sœurs et de deux frères. Son père Olle est un chauffeur de locomotive qui est connu pour son sale caractère. Il quitte son emploi lorsque Fritz a cinq ans pour vivre sur les rentes de son épouse Johanna qui a sept ans de plus que lui. Pour son mari, elle finance une petite entreprise de fabrication de cigares. Il décède le 25 décembre 1921. Elle a quarante et un ans au moment de la naissance de son dernier enfant. Johanna est prématurément usée, c'est une femme silencieuse, qui ne quitte plus son lit après la naissance de Fritz. Lui est chétif et souffreteux. Il ne participe jamais aux activités extra-scolaires de son école et ne pratique jamais aucun sport. Il a peu de camarades de classe, pour ne pas dire aucun. Les autres élèves se moquent de lui, et le petit Fritz devient un objet de moqueries et un souffre-douleur. Les quolibets fusent : « Fritzie, tu devrais mettre une robe ! » Il préfère s'amuser en solitaire avec les jouets de ses trois sœurs, dont il adore porter les vêtements. Ses résultats scolaires sont très médiocres et il a du mal à apprendre. Dès son plus jeune âge, il hait son père. Wilhelm, l'un des garçons de la famille Haarmann, est envoyé en maison de redressement pour une agression sexuelle à l'encontre de la fille âgée de 12 ans d'un voisin. Les sœurs ont toutes trois la réputation d'être « faciles » dès leur adolescence. Seul le fils aîné ne paraît pas avoir de problèmes, c'est un travailleur dur au mal qui devient un contremaître à la réputation respectable.

Fritz fait d'abord ses études dans une école religieuse. À l'âge de 16 ans, ses parents, qui veulent en « faire un homme », lui enjoignent de s'engager dans une académie militaire à Neu-Breisach. Il s'adapte bien à cette vie et à la discipline qui lui est imposée. Sa carrière de soldat semble en bonne voie. Le 3 septembre 1895, il fait un important malaise qui lui vaut un séjour en hôpital militaire, à cause, explique-t-il, d'un coup de soleil pendant des manœuvres. Mais, un an plus tard, lors d'un entraînement de gymnastique à la barre fixe, il fait une chute et tombe lourdement, la tête la première. Il est victime d'attaques occasionnelles et de crises, où il paraît perdre la raison. Fritz Haarmann est renvoyé de l'armée pour des raisons médicales.

Il retourne à Hanovre où il trouve un emploi dans la petite fabrique de cigares que son père a fondée en 1888. En 1898, il est âgé de 19 ans lorsqu'il est surpris dans une cave avec des enfants qu'il agresse sexuellement. Pendant son incarcération, un psychiatre, le docteur Schmalfuss, le juge irresponsable et « dangereux pour la société ». Il estime qu'il n'a pas la capacité de suivre un procès. Il est interné à l'asile provincial de Hildesheim pour une période indéterminée. Après cette expérience, Fritz Haarmann garde une sainte horreur des hôpitaux psychiatriques, horreur qu'il exprime lors de son procès en 1924 : « Coupez-moi la tête, mais ne me renvoyez surtout pas dans un asile. » Il s'évade au bout de six mois pendant l'allumage du sapin de Noël, pour s'installer en Suisse durant une période de deux ans, où il travaille comme aide d'un fabricant de bateaux, puis avec un apothicaire à Zurich, avant de retourner en Allemagne, chez ses parents, où les violentes disputes avec son père sont quasi quotidiennes. Fritz se fiance avec le projet de se marier, avant de rompre. Un enfant mort-né résulte de cette brève idylle. Il s'engage à nouveau dans l'armée, sous une identité d'emprunt, au Dixième Bataillon de Chasseurs, à Colmar. Il semble enfin avoir trouvé sa voie. Ses officiers sont ravis de ses états de service, au point qu'un capitaine le prend comme son ordonnance personnel. Mais, encore une fois, on le libère de ses obligations militaires pour des raisons médicales, la maladie est qualifiée de neurasthénie. Sa fiche militaire indique « Recht gut » (« parfait soldat ») et il reçoit une pension mensuelle qu'il touche jusqu'à son arrestation. Fritz Haarmann qualifie ses années de service comme les moments les plus heureux de son existence. Il réintègre le foyer familial. Après une dispute, il frappe avec violence son père. Fritz est arrêté et mis en examen pour agression. Un psychiatre, le docteur Andrae, le juge, cette fois-ci, responsable de ses actes, père et fils se réconcilient, et l'inculpation est abandonnée. Dans son rapport d'évaluation du 14 mai 1903, le docteur Andrae indique : « Fritz Haarmann est dénué de toutes valeurs morales, il est inintelligent, mal dégrossi, rancunier et complètement égoïste, il s'amuse d'un rien, mais il ne souffre pas d'une maladie mentale, si bien qu'il n'y a aucune raison pour l'envoyer dans un asile psychiatrique. »

Il tente de fonder un petit commerce de vente de poisson frit que son père l'aide à financer, mais celui-ci fait très vite faillite. Olle Haarmann coupe alors tout lien avec son fils, dont il ne veut plus entendre parler, sauf à tenter une ultime fois de le faire interner. Les autres enfants de la famille acceptent encore de le voir, pour l'héberger une nuit ou lui offrir un repas, un point c'est tout. Il subsiste avec toute une série de petits boulots, boucher, brocanteur, marchand ambulant, camelot sur les marchés, et il mendie aussi. Mais ce n'est pas un bourreau de travail. Les activités illégales lui paraissent plus à sa portée. Vols à la petite semaine, cambriolages occasionnels, fraudes ou escroqueries, ainsi que plusieurs faits d'attentats à la pudeur s'accumulent dans son casier judiciaire. Il passe un bon tiers des vingt années suivantes de son existence derrière les barreaux. Haarmann noue des relations avec les policiers de Hanovre, au point de devenir un informateur, qualifié de « source sûre », ce qui lui permet de détourner l'attention de ses propres actions. À cette époque, d'un point de vue physique, c'est un individu d'une banale simplicité. Une tête ronde, poupine, un front bombé, un nez très petit et droit qui surplombe une moustache à la « Charlot », des lèvres rouges et épaisses, des oreilles écartées qui encadrent de petits yeux porcins au regard perçant.

Juste avant l'entrée en guerre en 1914, Haarmann écope de sa plus longue condamnation pour des vols et escroqueries dans l'entrepôt où il est employé pendant cinq ans. Ce « soldat-né », ainsi que le qualifient ses anciens supérieurs, passe toute la Première Guerre mondiale dans la paix des murs d'une prison. Lorsqu'il est libéré en 1918, l'Allemagne vaincue est en pleine crise, l'argent n'a plus aucune valeur, et les denrées alimentaires sont devenues très rares. À Berlin, où il s'installe un temps, il observe les queues interminables devant les boulangeries ou les boucheries, dont les étals sont presque toujours vides. C'est une société en déliquescence, où tout le monde devient un filou pour essayer de survivre. Un univers où Haarmann se sent comme un poisson dans l'eau. Il le résume parfaitement : « Après ma libération, je suis allé à Berlin. Il ne se passait pas grand-chose. Je suis retourné à Hanovre. Chez ma sœur Emma. Bertchen, la plus petite de ses enfants, me dit : “Ne mange pas autant de pain, oncle. Il faut qu'on fasse la queue pendant des heures pour en avoir ; nous sommes tous malades.” Je lui dis : “Je vais voir ce que je peux faire, ma petite.” Je me suis rendu à la gare. Emma m'a donné un peu de monnaie. Parlons-en, des profiteurs et des marchandeurs ! C'est bien ce qu'ils étaient, pour sûr. Nous avons discuté et j'ai trouvé tout ce qu'il fallait. Nous sommes tous redevenus bien gras avec cette nourriture. »

La gare centrale de Hanovre est l'épicentre de tout le marché noir, le troc et le recel deviennent les éléments moteurs qui remplacent le commerce traditionnel, car l'argent, le mark, est victime d'une inflation permanente. L'unique moyen d'obtenir du pain, du lait ou de la viande se trouve en face de la gare, sur ce « marché aux voleurs ». Des milliers d'étals et des vendeurs à la sauvette proposent de la viande volée ou de contrebande, du veau, de l'oie, du canard, du chien ou du chat, ainsi que des vêtements, des chaussures, des cigarettes ou du chocolat. La gare centrale, avec son entrée majestueuse, ses grandes arches vitrées et ses immenses halls d'accueil d'une longueur interminable, devient le quartier général des chômeurs, des SDF, des fugueurs pendant la journée. La nuit venue, des milliers de vagabonds et de pauvres hères y dorment sur les bancs, collés les uns aux autres, pour se réchauffer. C'est en ces lieux que Fritz Haarmann règne en maître.

En avril 1918, il loue une boutique, avec une pièce au fond, qui lui sert de logement, au 27 Celler Strosse. Très vite, l'effondrement de la société lui permet de faire prospérer sa petite entreprise de marché noir. À cette époque, la ville de Hanovre compte 450 000 habitants et les registres de police mentionnent la présence de 500 prostitués masculins officiellement inscrits, et environ 4 000 prostituées. Le chef de la police estime à environ 40 000 le nombre d'homosexuels dans la cité. La Brigade des mœurs est en sous-effectif avec douze policiers et inspecteurs pour gérer cette population. Certains n'ont plus été payés depuis des mois et ils sont prêts à toutes les compromissions pour nourrir leurs familles. Les agents de police, dont les pouvoirs ont été réduits par la signature du Traité de Versailles, doivent arpenter les rues la nuit jusqu'à quatre heures du matin, plusieurs fois par semaine, et ils reprennent leur service à neuf heures. Ceux que les Allemands appellent les « Zuträger » ou « Spitzel », en bref les indics, deviennent indispensables. La police ne peut plus payer les informateurs et des criminels tels que Haarmann obtiennent des exemptions de peines ou l'immunité en échange de leurs dénonciations. Tous les jours, des dizaines d'adolescents apportent des sacs de viande à la boutique du 27 Celler Strosse. Bientôt, Fritz devient une figure familière de la gare centrale de Hanovre et de son quartier. On le surnomme « Détective Haarmann ». Dès la fin de la guerre, des milliers d'enfants et d'adolescents deviennent des routards qui fuient leurs foyers, car leur père a été tué au combat, et qu'il n'y a plus de quoi les nourrir à la maison.

Les policiers qui patrouillent la gare en viennent à le respecter pour son « travail » auprès des jeunes sans-abri. La rumeur circule au sujet de ce « missionnaire de minuit ». Haarmann se fait une spécialité de ces garçons fugueurs. À trois heures du matin, il fait son apparition et il arpente en silence, l'air sérieux, les différents halls. Il examine tous les dormeurs, en réveille certains pour écouter gravement leurs récits. À ces malheureux, surtout lorsqu'ils sont déracinés, il offre un gîte et de la nourriture. Le premier à le suivre d'une interminable liste de victimes, si l'on en croit les dires de Fritz Haarmann, est Friedel Rothe, 17 ans. Rothe disparaît le 27 septembre 1918, et il est le portrait type de presque toutes les victimes de Fritz Haarmann. Son père, Oswald, combat sur le front. Friedel fait l'école buissonnière, fume, joue aux cartes et vend les possessions de ses parents pour financer ses activités. Un ami de la famille l'aperçoit près du « marché aux voleurs » de la gare de Hanovre. Deux jours plus tard, sa mère reçoit une carte postale : « Chère Maman. Cela fait deux jours que je suis parti. Mais je ne reviendrai que si tu me promets d'être gentille avec moi. Je t'embrasse, ton fils, Fritz. » Le même jour, le père revient du front. Ils se mettent tout de suite à la recherche du garçon. Plusieurs amis de Friedel, notamment Paul Montag, 14 ans, racontent que le disparu a été abordé par un « gentleman distingué », un détective, qui lui a offert des cadeaux et qui s'est promené avec lui au parc. Friedel l'a vu à plusieurs reprises. Il s'est confié à Montag : « J'ai été dans sa chambre. Nous avons fumé et nous nous sommes bien amusés. » En poursuivant leurs investigations, les parents arrivent jusqu'au 27 Celler Strosse. Ils font le siège de la police pour les pousser à fouiller les lieux. Là, des agents surprennent Haarmann en pleine action avec un jeune garçon nu. En avril 1919, lors de sa comparution, Fritz écope de neuf mois de prison. Ils ne découvrent aucune trace de Friedel Rothe. À la même époque, la disparition de Hermann Koch, 14 ans, est très certainement l'œuvre du tueur en série. Quatre ans plus tard, lors de ses aveux, le « Boucher de Hanovre » affirme que « lors de mon arrestation, la tête du garçon Friedel était cachée dans du papier journal, derrière le four de la cuisinière. Plus tard, je m'en suis débarrassé en la jetant dans le canal ». Même s'il n'a été jugé que pour des assassinats commis en 1923 et 1924, il paraît évident qu'il a déjà commencé à tuer depuis longtemps. Lui-même l'admet implicitement lors des interrogatoires. Il avoue seulement les crimes pour lesquels il existe des preuves à son encontre. Il explique ainsi, d'un air supérieur : « Il y en a d'autres dont vous ne connaissez rien, mais ce ne sont pas ceux auxquels vous pensez. » La voisine de Haarmann, Frau Seemann, est propriétaire d'une échoppe qui vend des légumes. Elle l'entend un jour en train de trancher avec un hachoir, elle tape contre le mur mitoyen et lui demande : « Vous auriez quelque chose pour moi ? – Pas cette fois-ci, peut-être une prochaine fois. » Quelques jours plus tard, il lui donne un sac rempli d'os : « J'en ai fait du fromage de tête, mais je me suis dit, ils sont bien trop blancs, je préfère ne pas y toucher. »

Une fois qu'il a été surpris pour abus sur mineur en octobre 1918, il déménage pour s'installer au 15 Seydlitzstrasse début décembre, mais la propriétaire voit d'un mauvais œil tous ses nombreux visiteurs adolescents. En septembre 1919, il part pour le 13 Nikolaistrasse, avant de louer un domicile, un peu plus loin, dans la même rue, au n° 46. C'est à cette époque que se situe sa rencontre avec son futur amant et complice Hans Grans, qui a vingt-deux ans de moins que lui. L'individu, au look efféminé, est un jeune homme voûté, rachitique, osseux, au visage pâle et au regard fuyant. Il paraît bien plus que son âge. Élevé dans une famille éduquée dont les parents gèrent une librairie de livres anciens dans la vieille ville, ainsi qu'un atelier de reliure, Hans tourne mal à l'adolescence. Il sèche les cours et quitte l'école pour travailler comme apprenti dans une entreprise où il puise dans la caisse. Il multiplie les emplois, pour la « Bergmann Electricity Corporation » à Berlin et la Poste en 1918. Il s'engage un temps dans une brigade de mortiers, à Heuschkel, dont il est renvoyé le 1er octobre 1919 pour indiscipline. Il revient à Hanovre pour vivre chez ses parents où il prétend vouloir rejoindre les rangs de l'armée, qui vient pourtant de le virer. En fait, il passe son temps dans les cafés à draguer des jeunes femmes, afin de leur servir de maquereau, grâce à son bagout et à son air canaille. Il n'hésite pas non plus à se prostituer auprès d'hommes plus âgés. Lorsque son père se rend compte que Hans lui a menti, ce dernier quitte le domicile familial. Il complète ses revenus en vendant des vêtements d'occasion sur le « marché aux voleurs », face à la gare, qui est le terrain de chasse favori de Fritz Haarmann. L'un des jeunes SDF de la gare attire l'attention de Grans sur la « pédale » : « Hé, Hans, l'autre jour, le pédé a donné vingt marks à un jeune garçon. » Du coup, Hans Grans cherche à attirer l'attention de ce prédateur, qui le ramène à son logis du n° 46 Nikolaistrasse. « Je suis tout de suite tombé fou amoureux de Hans. Mais dès que je l'ai vu nu, j'ai eu un rejet. Il est poilu comme un singe. Je vous jure que c'est vrai, un vrai chimpanzé. Mais il s'est rasé par la suite. »

Une étrange relation se noue alors entre les deux marginaux. Elle dure quatre ans, comme une sorte de « folie à deux ». Même si Haarmann a tué avant de rencontrer Grans, c'est ce dernier qui a une forte emprise sur son amant plus âgé. Ils font connaissance, avant que Fritz ne soit incarcéré, le 23 avril 1919. Afin d'éviter de purger cette peine, Haarmann change fréquemment d'adresse, d'abord à Fusilierstrasse, puis Bronsartstrasse. Après de fréquentes disputes dont la dernière débouche sur une agression physique, la propriétaire de son logement, Mme Birnstiel, le dénonce auprès des autorités. Il est incarcéré de mars au 3 décembre 1920. Pendant ce temps, Hans Grans est accusé de vols et de recel, mais la police manque de preuves. Le 10 janvier 1921, Haarmann est condamné à deux semaines de prison pour mendicité ; puis, le 31 août 1921, pour des vols de lingerie et de vêtements. Il écope de six mois d'incarcération qu'il purge de novembre 1921 à mars 1922 au camp de travaux forcés de Jägerheide, près de Celle.

Il emménage au 8 Neue Strasse, le 1er juillet 1921. C'est dans cet endroit minuscule, en rez-de-chaussée et en soupente, mais qui fait trois mètres de hauteur, qu'il assassine plusieurs victimes. Comme toujours, dans les logements de Haarmann, l'ameublement est spartiate, un lit, une armoire, plusieurs chaises et une table. Il y a un espace de rangement, qui se situe sous l'escalier de l'immeuble, où sont stockés les corps avant d'être dépecés. Pendant que son amant purge sa peine de prison, Grans en profite pour louer la chambre aux trois prostituées qu'il « gère », Anni, Elli et Dörchen. C'est Dörchen qui fait le ménage pour Haarmann et elle passe de longues journées avec lui : « Herr Haarmann pouvait tout faire. Je l'aidais pour ses travaux de couture ou pour repriser les chaussettes. Il faisait même du fromage de tête et des saucisses. Pendant que je cousais, on fumait des cigares tous les deux. Herr Haarmann me prenait par la taille et me murmurait à l'oreille, “Dörchen, tu es la plus chouette ! Un de ces quatre, je vais t'épouser, tu vas voir.” Mais c'était une blague, car il ne me désirait pas vraiment. Il aimait trop les garçons. » Parfois, ils sont trois ou quatre à dormir, à boire et à forniquer à tour de rôle. Dans l'armoire, sous l'escalier, Haarmann stocke des pots remplis de viande, des fromages, des chocolats et autres douceurs, à côté du cadavre du jour. Certains jours, il ne laisse personne entrer dans son logement. Les deux fenêtres qui donnent sur la rue et celle du palier sont obstruées et le trou de la serrure est bouché. Ces journées sont alors consacrées à la dissection et à la « préparation » des cadavres de ses victimes. Du 9 avril au 30 juillet 1922, Grans est derrière les barreaux, tandis que Haarmann reste en liberté du 1er mars 1922 jusqu'en juin 1924.

Fritz Haarmann a toujours rêvé d'être policier. Il en côtoie beaucoup en sa qualité d'indic et il est considéré comme très fiable dans ses informations, surtout lorsqu'il s'agit pour lui de protéger son « business ». Les forces de l'ordre sont parfaitement au courant de ses trafics, de son homosexualité et de ses déviances, même s'ils n'imaginent pas se trouver face à un tueur en série de la pire espèce. À partir d'avril 1923, Haarmann réalise en partie son rêve lorsque l'ancien commissaire de police Olfermann lui propose de créer leur propre agence de détectives privés, avec la « Amerikanisches Detektivinstitut Lasso ». Leur association ne dure que quelques mois, avant que les deux partenaires ne se fâchent, mais Haarmann possède à présent un tampon, des cartes de visite au nom de l'agence, ainsi que plusieurs documents « officiels » avec sa photo, où figure la mention suivante : « Le possesseur de ce coupe-file est un détective de l'agence Lasso qui travaille pour la police de Hanovre. Le détenteur de ce passe appréciera toute aide qui pourra lui être apportée dans l'exercice de ses fonctions. Les détectives de l'agence Lasso. » Il met à profit ce document pour gagner la confiance de tous les adolescents, jeunes garçons et hommes qu'il aborde à la gare centrale.

Dès le début de leur relation, Hans Grans est au courant que son amant est un assassin. Fritz aime sincèrement le jeune homme : « J'avais besoin de quelqu'un pour qui je représente tout. Hans se moquait souvent de moi. Cela me mettait en rage et je le mettais à la porte. Mais je lui courais toujours après pour le ramener. C'était plus fort que moi. J'étais fou de ce garçon. » Grans profite de cet amour. Lorsque le « vieux » est en colère, il l'enlace par la taille, avant de lui mettre sa langue dans la bouche. Fritz se liquéfie alors complètement, au point d'être à la merci de Hans. Hans autorise aussi Haarmann à l'embrasser, tout en le tenant par les bras, car il connaît les déviances du tueur. Pris par la passion, Fritz s'empresse d'embrasser ses amants dans le cou, pour les mordre, parfois jusqu'au sang, voire les étrangler à moitié. Il tue ainsi la plupart de ses jeunes victimes par strangulation ou en les mordant à la gorge, afin de boire leur sang, lorsqu'il est en train de les sodomiser.

Un exemple ? Le 12 février 1923, Fritz Franke, « le Berlinois », disparaît. Ce rouquin, âgé de 17 ans, a volé des affaires chez son père, avant de s'enfuir. Il est le premier d'une longue série de vingt-sept meurtres commis en moins d'un an. Comme à chaque fois, Hans Grans est ivre mort, ce qui n'est pas le cas de l'ami Fritz qui ne boit jamais, car boire de l'alcool l'épuise. Ils arpentent tous les deux les halls de la gare centrale quand ils repèrent ce jeune homme affamé. Haarmann lui montre sa carte de détective et lui fait miroiter une table copieusement garnie. Franke ne résiste pas une seule seconde. Son unique désir est de trouver un travail, un logis et de quoi subsister dans une ville qui lui est étrangère. Un bon cigare, offert par Grans, et le jeune homme suit ses nouveaux amis jusqu'à la Neue Strasse. Arrivé dans la chambre, il se dévêt tout de suite pour s'allonger sur le lit de fer, ivre d'épuisement.

— Fritz, prononce Grans d'une voix sourde, n'as-tu rien remarqué chez notre nouvel ami ?

— Rien.

— Eh bien ! moi, j'ai vu, rétorque Grans. Quelque chose. Ce quelque chose me fait envie, et tu vas me l'offrir.

Haarmann, gouailleur, répond en souriant :

— Tu sais que je ne peux jamais te résister... Je t'offre toujours tout.

Puis, désignant du doigt le dormeur qui ronfle :

— Sers-toi !

— Tu te goures ! Ce que je veux, ce soir, ce n'est pas ça. Je veux que tu m'offres le pantalon de Franke. Regarde, il est tout neuf et à ma taille.

— Comment veux-tu que je te donne ce pantalon ? Je n'en ai pas d'autre pour « lui » donner à la place !

— Souvent, très souvent même, tu m'as fait un aveu, un horrible aveu. Tu m'as dit : « Tu ne sais pas combien j'éprouve parfois le violent désir de mordre quelqu'un à la gorge, de goûter son sang qui s'insinue entre mes lèvres, et de sentir mourir un homme ainsi entre mes dents, afin de compléter ma jouissance. » Tu m'as dit encore, Haarmann, c'est le moment de t'en souvenir : « Je tuerai, il faudra que je tue. C'est un besoin, c'est un désir plus fort que moi. Je veux jouir de la mort »... Haarmann, si tu m'aimes, alors tu tueras. Je veux ce pantalon neuf !

Plus pâle qu'un cadavre, le Boucher reste silencieux, assis au bord du lit, alors que le jeune homme endormi ronfle tel un bienheureux. Comme pris d'un accès de folie, il remue avec lenteur sa tête de droite à gauche, ses doigts se tordent.

— Tu vas tuer. Tu vas tuer Franke, parce que c'est moi qui te le demande et parce que je veux aussi que tu goûtes à l'immense joie de la mort. Haarmann, pense donc à ce moment délicieux ! Pense au sang chaud, à ta jouissance. Rien ne peut surpasser ça !

— Grans ! Grans ! Mon chéri ! Mon âme, non, pas assassin, pas de dents ! Il dort ! Je t'en supplie, pas ça... Va-t-en, le pantalon, tu l'auras ! C'est abominable, mais combien délicieux !

Sans un mot, Grans quitte la chambre. Une fois seul, Haarmann se dévêt complètement, puis il réveille le dormeur en douceur. Quand il a retrouvé ses sens, le Boucher se penche pour lui baiser longuement le front.

— Tu vas mourir entre mes dents.

— C'est une blague, monsieur ?

Haarmann reste muet l'espace de quelques secondes, tandis que ses bras enserrent Franke comme un étau.

— Tu vas mourir entre mes dents. Mourir, là. Ouvre les yeux que je te voie mourir.

— Laissez-moi, au nom du ciel, je ne vous ai rien fait, monsieur. Oh ! Vous m'étouffez... Au secours, au...

Tel un fauve, Haarmann se jette sur sa proie qui commence à s'asphyxier, et il enfonce ses dents dans la gorge de l'adolescent, déchirant la chair et faisant craquer la pomme d'Adam. Il éjacule presque en même temps que la vie fuit le jeune Franke. Pour ne plus voir le visage du cadavre, Haarmann le recouvre d'une serviette. Une fois remis de ses émotions, le Boucher n'a plus qu'une idée en tête, faire disparaître le corps. Il s'empare de deux couteaux et commence à le dépecer. Il ouvre le tronc et en retire les poumons, le cœur, les entrailles qu'il hache en d'infimes morceaux. Avec une serpillière, il éponge le sang à l'intérieur de la cage thoracique et essore le torchon au-dessus d'un seau. Puis avec des gestes assurés, qui dénotent une grande habitude, il sépare les membres, avant de découper les mains et les pieds à chacune des articulations. Le cadavre finit par disparaître morcelé au fond d'un grand sac que l'ami Fritz jette au fond de son armoire. L'opération a été longue. Il fait maintenant grand jour.

Peu de temps après, Grans fait son retour, car il est trop lâche pour assister à ces exécutions.

— Pouah ! Ça pue ici !…

— C'est fait, rétorque Haarmann, d'une voix faible.

Grans est tout excité :

— Chouette ! Alors le pantalon est à moi !

— Le voici.

Puis, en montrant du doigt l'armoire, il ajoute :

— Le mort est là !

— Ce doit être hideux, là-dedans. Si je vois ça, je vais tomber dans les pommes. Dieu, que ça sent mauvais !

Une heure plus tard, Grans déambule joyeusement dans les rues de la ville, vêtu de son nouveau pantalon. Au même moment, le Boucher de Hanovre charge sur ses épaules les restes de sa victime pour les balancer dans les flots sombres de la Leine qui serpente au milieu des façades de la vieille ville.

Lorsque les deux complices se mettent en chasse, deux pensées différentes les habitent. Fritz Haarmann est en quête de beauté, de sensualité, d'innocence, afin d'assouvir ses penchants. Parfois, lorsqu'il « aime » l'une de ses victimes, il lui arrive de la garder vivante quelques jours, afin de pouvoir en abuser à plusieurs reprises. Certaines fois, il sodomise les garçons après leur décès. Hans Grans, lui, est une effrayante machine à calculer. Seul le profit l'intéresse. Il examine les vêtements, les chaussures, le manteau, les chaussettes, le baluchon ou le cartable de la future proie. Dans sa tête, il calcule sa taille et son poids. Les chiffres s'additionnent : vingt marks pour les fringues et trente marks en poids de viande. Une prise de cinquante marks qui va lui permettre de faire la fête pendant un ou deux jours avec Haarmann.

Si l'on en croit les confessions du « Boucher de Hanovre », il lui est arrivé au moins une fois de vouloir épargner une victime. Le 27 octobre 1923, Heinz Brinkmann, 13 ans, quitte Klaustal afin de rejoindre son frère, sous-officier de la « Reichswehr », à Hanovre. Pour l'occasion, Heinz a revêtu ses plus beaux habits et chaussé des souliers neufs. Mais il manque un changement de train, et n'arrive qu'à 23 heures à sa gare de destination. Personne ne l'attend et des voyageurs le voient en pleurs sur un quai. Plusieurs badauds, qui connaissent le « détective » Haarmann et sa mission nocturne d'aide aux SDF, le préviennent à son arrivée au « Hauptbanhof ». Il s'approche de l'enfant qui lui raconte son histoire. Grans, qui l'accompagne cette nuit-là, lui fait signe de la tête.

— C'est bien, dit le Boucher. Je vais te conduire chez ton frère. Suis-moi !

Aux yeux de tous, les deux assassins prennent possession du garçon. Pendant qu'ils quittent la gare, Grans s'adresse au gosse :

— Ta maman t'a fait beau, tu sais ? Quel joli costume tu portes ! Et des chaussures toutes neuves ! Cela vaut beaucoup d'argent.

— J'ai un autre costume bien plus beau à la maison. Celui-ci, c'est ma maman qui l'a découpé dans celui de mon grand frère, celui que je vais voir.

Tout d'un coup, Grans se rend compte que Haarmann se dirige vers le quartier du frère de Heinz, et non pas vers leur domicile de Rote Reihe.

— Fritz, tu me prends pour un imbécile ? Ce n'est pas le bon chemin…

— Grans, pas ce soir, je t'en supplie. Je suis malade et ce petit gosse, c'est si peu…

— Comment ça, si peu ? C'est une superbe aubaine. Tu n'as pas vu son cou de poulet ? Quel régal, pour toi ! Un vrai cadeau de Noël, une affaire en or !

— Pas ce soir, Hans. Je n'en ai pas l'estomac, et tu sais bien qu'il y a encore sous le lit la tête et les cuisses de Hermann Wolf que j'ai « séché » il y a trois jours.

— Tu n'es qu'un lâche, Fritz, une ordure. Un jour, j'aurai la joie de voir ta sale gueule tomber sous la hache du bourreau. Crois-moi, cela arrivera bientôt. Regarde-moi bien, car c'est le vieux Hans qui te dénoncera aux flics !

— Hans, mon cher Hans, fais ce que tu voudras, mais le garçon, je ne le tuerai pas ce soir. Je suis malade.

À cet instant, le petit Heinz est saisi de terreur :

— Je vous en supplie, ne me tuez pas. Je ne vous ai rien fait de mal. Ni ma maman, mon papa ou mon grand frère !…

— Non mais, Haarmann, regarde bien, il y en a pour plus de cent marks !

— Non, non et non…

— Soit, ce soir, c'est moi qui opère. Allez ! En route !

Grans prend alors l'enfant dans ses bras et lui applique une main sur la bouche, pour se diriger vers la rue Rote Reihe. Fritz Haarmann le suit en silence. Arrivé dans la chambre sous les toits, Grans se précipite pour s'emparer d'un couteau de boucher. L'enfant, sans voix, les supplie du regard. Hans le couche sur le grabat et lève son bras armé, mais il n'a pas le courage de poursuivre son geste :

— Regarde, Fritz, tu n'en auras pas une miette !

Sans prononcer un mot, Haarmann se lève de sa chaise et s'avance vers le lit. Il se saisit de la tête du petit Heinz, se penche et sa bouche s'ouvre pour se refermer sur la gorge chaude de sa proie. Le sang gicle, le corps du bambin tressaute quelques instants avant de retomber, inerte.

Le lendemain, de la belle viande fraîche est proposée par Fritz Haarmann. Grans se rend sur le « marché aux voleurs » pour vendre des vêtements et des chaussures d'enfant.

C'est dans cette pièce sordide que se déroulent plus d'une vingtaine de meurtres, jusqu'au 15 juin 1924. Elle mesure deux mètres cinquante de long et de large. Il y a un lit de camp, un lavabo, une fenêtre qui donne sur la rue, deux petites tables de chaque côté de la porte, avec quelques chaises. Une marmite est suspendue à l'une des étagères qui complètent l'ameublement. Haarmann peut la chauffer par en dessous pour cuisiner. Les toilettes se trouvent dans la cour et le nouveau locataire prévient les voisins qu'il préfère se servir d'un seau, pour ensuite descendre jeter ses déjections. Sur le même palier, un couple, les Lindner, commence à suspecter des activités louches. Leur cuisine possède un mur mitoyen avec la chambre de Haarmann. Ils y entendent beaucoup de cris et voient un flot constant de jeunes hommes entrer dans les lieux. Tous les autres habitants de l'immeuble sont surpris de constater que Fritz n'arrête pas de descendre vider son seau. Les toilettes sont d'ailleurs bouchées à plusieurs reprises. Après une nuit particulièrement agitée, les locataires font appel à la police. Lorsqu'ils frappent à la porte, Haarmann refuse de leur ouvrir et les informe d'une voix calme que, selon le Paragraphe 106 du Code pénal, il leur est interdit d'effectuer une perquisition entre 22 h et 6 h du matin. Quand ils reviennent à l'heure dite, inutile de préciser que le Boucher a fait le ménage. Il se lie d'amitié avec un couple au rez-de-chaussée, les Engel, qu'il rejoint souvent pour le dîner. Leur cuisine est vaste et Haarmann y prépare des saucisses, délicieusement assaisonnées et épicées, ainsi que son fameux fromage de tête. Ils passent ensemble les fêtes de Noël 1923. Les Engel arrêtent d'acheter la marchandise de leur ami vers la fin avril 1924, car sa viande les a rendus malades. Dans l'immeuble, beaucoup s'étonnent de ne jamais voir arriver de livreurs chargés de quartiers de boucherie, alors que Haarmann sort presque toujours avec des sacs remplis de morceaux de viande. À l'arrestation du Boucher de Hanovre, les experts légistes se rendent compte que les murs, le plancher et le lit de son logement sont complètement éclaboussés et saturés de sang.

Avant 1923, on sait que Fritz Haarmann a tué, mais on ignore tout de l'étendue du nombre de ses victimes. Dans ses aveux aux enquêteurs, il fait allusion de manière très vague à un chiffre compris entre cinquante et soixante-dix, avant de mentionner le nombre plus précis de quarante-cinq. Il reconnaît les assassinats pour lesquels les preuves sont irréfutables, mais refuse d'évoquer le reste, pas plus qu'il ne donne de détails sur son mode opératoire et le récit de ses forfaits, à l'exception d'un témoignage lors de son procès. Entre le 12 février 1923 et le 15 juin 1924, par contre, les noms de ses victimes sont connus et on en dénombre vingt-six... Vingt-six enfants et jeunes hommes qui disparaissent en l'espace de quinze mois, on reste quand même perplexe sur l'inefficacité totale de la police de Hanovre. Et ceci ne concerne que les années 1923 et 1924, alors que l'on sait que le Boucher commence à tuer dès 1918. De nombreuses plaintes ont été déposées à son encontre, des prostituées qui travaillent pour Hans Grans le suspectent, plusieurs propriétaires et voisins de ses différents logements le soupçonnent et font des signalements au commissariat, plusieurs parents mènent leurs propres investigations qui aboutissent, presque toujours, vers le même homme. Des témoins indiquent qu'il est la dernière personne à avoir été vue en compagnie des victimes. Enfin, tous ces événements se déroulent dans un périmètre très restreint. Il faut ainsi quinze minutes à pied pour rejoindre la rue Rote Reihe, à partir de la gare centrale de Hanovre. Ce que l'on peut définir comme la « zone de confiance » du serial killer, son territoire de chasse. À la décharge des forces de l'ordre, l'Allemagne traverse une période de chaos et leurs prérogatives sont restreintes par la signature du Traité de Versailles qui scelle la fin de la guerre 14-18. Malgré tout, Fritz Haarmann aurait dû être arrêté bien plus tôt. Incompétence ? Ou volonté de protéger un indicateur précieux ? Outre sa position d'indic, il est aussi un rempart contre la montée du communisme à Hanovre. Fritz Haarmann a une grande peur des communistes, ce qui lui fait, par exemple, réfuter un expert psychiatre en 1924, lorsqu'il est incarcéré dans l'attente de son procès, car il apprend que le médecin berlinois en question a des opinions proches de l'extrême gauche. À Hanovre, il agit aussi en tant qu'agent recruteur pour la « Black Reischwehr », un mouvement patriotique et anticommuniste qui s'oppose à l'occupation française de la Ruhr.

Le 17 mai 1924, des enfants qui jouent au bord de la rivière Leine, en contrebas du château Herrenhausen, trouvent le crâne d'une personne adulte. Le 29 du même mois, un autre est rejeté, un peu plus loin, par les flots. Sa taille est beaucoup plus réduite, à coup sûr c'est celui d'un enfant. Le 13 juin, nouvelle découverte macabre dans la boue de la rivière avec deux autres crânes. Les légistes indiquent qu'une lame coupante a été utilisée pour séparer les têtes du reste du corps, et que la chair a été entièrement grattée. Au départ, la théorie qui prévaut est celle d'une blague macabre d'étudiants de l'institut médical de Göttingen ; ou encore que le courant les a emportés depuis Alsfeld, où sévit, à cette époque, une importante épidémie de typhus, avec des corps enterrés à la va-vite dans des cimetières de fortune en bord de rivière. Mais, le 24 juillet, l'horreur monte encore d'un cran, avec des enfants qui rapportent un sac rempli d'ossements et d'un nouveau crâne. Tous les médias s'emparent de l'affaire, de nombreux articles font maintenant référence à un « loup-garou » qui sévit dans les rues de la cité, des rumeurs commencent à circuler sur le fait que de la viande humaine a été vendue sur les marchés. « Des meurtres sont perpétrés dans Aldstadt (la vieille ville). On égorge de jeunes enfants dans les caves.

Des garçons ont été noyés dans la rivière. » Les journaux estiment qu'en la seule année 1923, six cents adolescents de sexe masculin, âgés de 14 à 18 ans, ont disparu des rues de Hanovre. Le dimanche suivant, des centaines de badauds descendent le long des berges de la Leine pour tenter de repérer d'autres parties de corps. Un barrage de retenue d'eau est installé le même jour, ce qui permet à des dizaines de policiers et d'employés municipaux de sonder la vase. Près de cinq cents ossements et restes humains sont ramenés à la surface. Après examen des légistes, il est estimé qu'ils appartiennent à vingt-deux personnes différentes, pour la plupart des enfants et des adolescents. Sous la pression des médias, des parents et des politiciens, les enquêteurs établissent 147 rapports sur des disparitions inquiétantes. Dans trente-huit cas, la personne est toujours vivante. Ils examinent aussi tous les individus « déviants » (à l'époque, cela désigne les homosexuels) et criminels sexuels qui possèdent des casiers judiciaires ou qui figurent dans des rapports depuis 1915. Le nom de Fritz Haarmann apparaît en bonne place, parmi les dix suspects les plus probables, d'autant plus qu'il est souvent la dernière personne à avoir été aperçue en compagnie des victimes.

Le chef de la police de Hanovre décide de placer Haarmann sous surveillance permanente. Comme il connaît tous les membres des forces de l'ordre, on décide de faire venir deux inspecteurs de Berlin. À deux heures du matin la nuit du 22 juin, à la gare centrale, le suspect s'approche d'un jeune adolescent costaud qu'il réveille avec brutalité. Très vite, une dispute s'ensuit, et il paraît évident que les deux hommes se connaissent. Furieux, Fritz va chercher deux policiers du rail pour leur indiquer que Fromm vient de lui avouer qu'il voyage sans ticket. Embarqué au poste de police de la gare, Fromm accuse à son tour l'homme plus âgé de l'avoir violé à de nombreuses reprises. À partir du 18 juin, explique-t-il, il a passé quatre jours chez Haarmann qui lui impose des relations sexuelles en le menaçant avec un couteau sous la gorge. Les deux hommes sont ensuite escortés au commissariat central et Haarmann est incarcéré le matin du 23 juin. Une fouille de son logement permet de mettre au jour des centaines d'habits et d'objets appartenant aux disparus, ainsi que de nombreuses traces de sang. Pour sa défense, Fritz donne des explications qui peuvent sembler « logiques » : les vêtements ont été acquis pour être revendus sur le marché noir, oui, il a croisé la route d'un certain nombre de ces jeunes garçons avec qui il a eu des relations sexuelles, mais il ignore ce qu'ils sont devenus par la suite. Les enquêteurs sont sûrs de détenir leur homme, mais ils n'ont que des présomptions et pas de preuves. Le hasard vient leur donner un coup de main. Les parents de Robert Witzel, qui s'est évanoui dans la nature le 26 avril 1924, font, pour la dix-septième fois, le siège du bureau du commissaire Rätz, chef de la police de Hanovre. Ils sont assis sur un banc dans l'espoir d'être reçus, lorsqu'un couple débarque dans le couloir. Mme Witzel s'écrie : « Cet homme porte la veste et le pantalon de Robert ! » On demande à ce dernier comment il est entré en possession de ce costume. Au lieu de répondre, le jeune homme pose à son tour une question : « Votre nom ne serait-il pas Witzel ? » Il explique qu'il a trouvé une carte d'identité à ce nom dans une des poches du pantalon et que ces vêtements lui ont été vendus par Haarmann. La femme qui l'accompagne n'est autre que Mme Engel, la logeuse du tueur en série. Cela paraît être le coup de grâce pour Fritz Haarmann qui, encouragé par sa sœur, finit par admettre qu'il a assassiné toutes ces jeunes victimes sous l'emprise de la passion.

Pendant une semaine, des enquêteurs se relaient jour et nuit auprès de Haarmann, afin de lui soutirer les détails de ses crimes. Lorsque les preuves sont irréfutables, il avoue sa culpabilité. Pour les autres meurtres, il élude les questions. Les crânes découverts dans la rivière Leine ne sont pas « ses » victimes, car il prend toujours soin de les pulvériser en minuscules morceaux. Il guide les policiers dans le parc George, proche du château Herrenhausen, pour pointer du doigt les sous-bois où il s'est débarrassé de restes humains. Il les emmène devant le squelette de sa dernière victime, Erich de Vries, assassiné le 15 juin. Sur les 147 dossiers de disparitions récoltés par la police de Hanovre, 114 ne l'impliquent manifestement pas. Il en reste 33 et Haarmann sera finalement jugé pour 27 d'entre eux. Mais il laisse entendre qu'il pourrait y en avoir des dizaines d'autres, durant la période qui s'étend de 1918 à 1923. Hans Grans est arrêté le 8 juillet. Haarmann reste incarcéré jusqu'au 16 août, où on l'emmène au « Provinzial Heil und Pflegeanstalt », à Göttingen, pour y subir plusieurs évaluations psychiatriques. Le 25 septembre 1924, le professeur Schultze termine son examen et le criminel est reconduit à la prison de Hanovre. Le début de son procès et celui de Hans Grans est prévu pour le 4 décembre 1924. Le dossier d'accusation remplit soixante énormes volumes.

Le procès se déroule dans la salle des assises du palais de justice de Hanovre et il est prévu de durer quatorze jours. Fritz Haarmann est jugé pour vingt-sept assassinats. Même s'il a un avocat, l'accusé insiste pour assurer sa propre défense, la plupart du temps. Deux cents témoins sont appelés à la barre. Lorsque l'accusation lit le récit détaillé des meurtres du Boucher, les audiences se déroulent à huis clos. Haarmann se montre particulièrement nonchalant durant ces quatorze journées. À un moment donné, indigné, il se plaint auprès du juge de la présence de trop nombreuses femmes parmi les spectateurs. Il tance aussi les reporters : « Vous ne devez pas mentir. Nous savons tous que vous êtes des menteurs ! » Envers les jurés, il se montre cinglant : « Faites vite. Je veux passer Noël au ciel avec ma mère. » Amuseur public, il fait parfois rire l'audience et affiche son mépris vis-à-vis de la mère d'une de ses victimes, qui s'effondre en larmes pendant sa déposition, lorsqu'il demande au juge de pouvoir fumer un cigare pendant qu'elle reprend ses esprits. Permission qui lui est d'ailleurs accordée.

Le procès atteint une intensité particulière quand un policier est appelé à la barre pour raconter un échange entre Grans et son amant à propos des victimes : « C'est plus facile lorsqu'il s'agit d'une personne que l'on n'aime pas », explique Grans. Mais le Boucher lui rétorque sur un ton doctoral : « Ce n'est pas vrai, Hans. C'est plus facile quand on aime quelqu'un. » Au professeur Schultze, lors de son examen psychiatrique à Göttingen, Haarmann raconte qu'il aime prendre le sexe de son partenaire dans sa bouche pour le mordre profondément jusqu'au sang. Lors d'une autre journée d'audiences, Haarmann précise : « Il y avait des jours où n'importe quel filou aurait pu me pousser à faire n'importe quoi ! Souvent, après avoir commis un meurtre, je suppliais qu'on me place dans un asile militaire, mais surtout pas dans un hôpital psychiatrique. C'est la seule chose que je ne peux pas supporter. Si Grans m'avait réellement aimé, il aurait pu me sauver. Oh, croyez-moi, je ne suis pas malade. C'est juste que, parfois, je déraille. N'imaginez surtout pas que tuer quelqu'un est quelque chose de plaisant. Je veux être décapité. Cela ne durera qu'un instant, ensuite, je serai à tout jamais en paix. »

Au sujet de la complicité de Hans, Haarmann est très explicite : « Grans ne se contente pas juste de m'apporter les garçons pour que je les tue. Il utilise toutes sortes d'astuces pour que je me plie à ses volontés, et il montre même aux enfants ce qu'il va faire. Il se sert de ma folie et il me harcèle en permanence des journées entières pour que je les assassine lorsqu'il désire tel ou tel pantalon. Il a tué lui aussi ! Il a fait bien pire que moi ! Grans et Wittkowski, son ami, font venir Adolf Hennies dans ma chambre pour le tuer. Ils s'étaient disputés au sujet des femmes. Ils ont pris ses vêtements et se sont mis à rigoler lorsqu'ils m'ont montré le corps à mon retour. "C'est l'un des tiens", m'ont-ils dit. Je me suis mis à pleurer et je les ai suppliés de me débarrasser du cadavre. Il n'y avait aucune marque sur le cou, ce n'était donc pas un des miens. Mais ils me l'ont mis sur le dos, ils sont partis et j'ai dû le découper pour le jeter. »

C'est au douzième jour du procès que se pose la question essentielle : Haarmann est-il fou ? Le docteur Brandt, qui officie dans la prison, dépose le premier : « Haarmann reconnaît ses vices et les explique par la crainte des maladies vénériennes. Je n'ai noté aucun trouble mental chez lui. Une nuit seulement, sans doute, au cours d'un cauchemar, il s'est mis à aboyer comme un chien. Pendant son incarcération, il a toujours fait preuve d'un excellent appétit. » À la barre lui succède le docteur Schultze, professeur à l'université de Göttingen. Il témoigne pendant deux heures. Il explique qu'il est resté en tête à tête avec Haarmann pendant près de huit semaines. Le tueur en série se prend même d'affection pour le vieil homme. Il lui raconte que le meurtrier a souffert d'un coup de soleil qui l'a étourdi à la caserne, puis d'une chute alors qu'il s'entraînait à la barre fixe, ce qui lui occasionne des hallucinations. Les maux de tête très violents qu'il éprouve provoquent, aux dires de Haarmann, des signes de démence. Mais pour le psychiatre, « il n'est pas fou, du moins d'un point de vue légal. Aucune maladie proprement dite ne l'a réduit, à quelque moment que ce soit, à l'inconscience. Quant à son intelligence, à son instruction, c'est un parfait ignorant. Il n'est pas curieux des choses de la vie. À titre d'exemple, sachez qu'il connaît à peine les douze mois de l'année. Il pense que Hanovre est la capitale de l'Allemagne et il a toujours confondu les batailles de la guerre de 1870 avec celles de la dernière guerre. Mais, prenons garde, notre homme est malin et rusé, ses crimes et sa défense durant ces débats le prouvent aisément. Déviant, oui. Fou, non. Fritz Haarmann doit être considéré comme responsable de ses actes devant la justice de ce pays. »

Le docteur Schachwitz témoigne à son tour : « Je rejoins les conclusions du docteur Schulze. Aussi me reste-t-il quelques mots à ajouter concernant la misère intellectuelle de l'accusé. Sa mémoire, qui est excellente, et sa faconde nous trompent sur sa mentalité. Voilà bien le plus pauvre bougre, l'être le plus vide de pensée, le plus limité, le plus déshérité que j'aie jamais croisé. Il est allé en Suisse, et n'y a pas vu de montagnes. Quand il vit à Hambourg, il ne se rend même pas au port, ni ne regarde les navires. Il y a des cordes en lui qui n'ont jamais vibré. Il n'a connu aucune émotion intellectuelle. Son état sexuel même n'est pas normal, ni même défini. Son corps est féminin, par certains aspects, que sa petite voix aiguë, ses pleurs et ses petites mains blanches trahissent à tous les regards. Quand à ses assassinats, au point de vue de la loi, je le déclare responsable. »

Le 19 décembre 1924, à 10 heures, Fritz Haarmann est condamné à vingt-quatre reprises à la peine de mort et acquitté pour trois assassinats. Hans Grans écope de la peine capitale pour son rôle dans le meurtre d'Adolf Hannapel et de douze années de réclusion pour sa complicité. Invité à prononcer quelques paroles après sa condamnation, Fritz Haarmann déclare : « Je suis heureux d'en avoir fini. Je veux être exécuté sur la place du marché et je désire que le public soit présent. Sur ma tombe, il faut mettre cette inscription : "Ici repose le meurtrier de masse Haarmann". » Autant dire que la justice n'accède pas à ses volontés.

Le 5 février 1925, Fritz Haarmann adresse une lettre au père de Hans, Albert Grans :

« Hanovre, le 5 février

« Confession du meurtrier Fritz Haarmann

« J'ai l'opportunité de présenter cette lettre au public pendant que la police m'emmène en voiture au commissariat.

« Je ne veux pas que la Cour ou la police saisissent ce courrier car je suis certain qu'ils garderaient secrets mes aveux afin qu'un innocent soit exécuté. Que Dieu bénisse celui qui transmettra ma lettre pour toute l'éternité. Ceci est mon souhait, moi Fritz Haarmann qui ai été condamné à la peine de mort. Je vais me confesser en prison auprès du Père Hauptmann. Que ce courrier ne disparaisse pas et qu'il soit porté à la connaissance du public, d'où cette lettre. Le Docteur Lotze devra demander cette lettre au Père Hauptmann. Moi Fritz Haarmann, j'ai écrit ce courrier de ma propre main et mon frère Adolf Harrmann-Fortmüller au n° 6 d'Asternstrasse pourra le confirmer, il connaît parfaitement mon écriture. Ma confession. Que Dieu me vienne en aide, je dis la vérité et je ne veux plus alourdir ma conscience lorsque je me présenterai face à Lui, moi qui ai été condamné à la peine de mort.

« Hans Grans m'a trompé et menti terriblement pendant des années, mais je ne pouvais pas le quitter car je n'avais personne d'autre au monde. Grans aurait pu être une source de réconfort quand je serais devenu vieux et j'aurais amassé un joli pécule s'il ne m'avait pas toujours tout pris. Grans n'était pas quelqu'un de mauvais, mais il était très stupide. Un sacré écervelé en ce qui concerne les femmes et l'alcool. Pour lui, j'étais là pour tout payer. Grans était bien trop innocent dans sa débauche pour s'imaginer ce que je pouvais faire avec les jeunots. Grans n'avait pas la moindre idée que j'étais un assassin, il n'a jamais rien vu. Grans savait seulement que j'étais un pervers qui aimait la compagnie des jeunes hommes. Lorsque mes assassinats furent découverts, la police m'a obligé à dire des contre-vérités. J'ai eu peur d'être à nouveau maltraité et j'ai avoué tout ce qu'on me disait, j'ai dit des choses sur Grans qui étaient fausses. J'ai appelé ma sœur Emma et mon frère Adolf pour qu'ils viennent à mon secours, ils sont arrivés et je leur ai dit en présence de l'Inspecteur Rätz, Emma et Adolf, on me force à dire des choses qui ne sont pas vraies, et on me bat pour ça. J'ai demandé à Madame Witzel de témoigner auprès du procureur, mais on ne m'a pas autorisé à le faire. Du coup, j'ai menti et accusé Grans pour que la police me laisse tranquille.

Je me suis dit qu'il n'aurait jamais dû agir ainsi contre moi, j'étais beaucoup trop gentil avec lui, et plus je lui mettais des choses sur le dos, plus la police me traitait bien. Me rétracter lors du jugement, je ne voulais pas le faire car je voulais me venger de Grans, grâce à l'aide de la police. Je veux ici affirmer que Hans Grans ne connaissait rien de mon autre vie. Il ignorait que j'avais été à l'asile, il ne m'a jamais menacé, Grans ne savait rien d'aucun des meurtres, n'a jamais rien vu et n'avait aucune idée. Personne n'a jamais cru le moindre de ses témoignages et dès qu'il parlait, ça se retournait contre lui. Voilà pourquoi il a dit ces choses au tribunal, Haarmann a mélangé des vérités et des mensonges au point que personne ne pouvait démêler le vrai du faux. Moi, Fritz Haarmann, je prends le Ciel à témoin que Grans est innocent. Grans n'était même pas coupable de la revente des objets volés. Grans ne m'a jamais amené quelqu'un pour que je le tue et si Grans l'avait su, il m'aurait empêché de le faire. Je ne peux aller à la mort sans dire la vérité, je le jure sur la tête de ma mère qui est sacrée pour moi, elle qui est aux côtés de Dieu en ce moment. Hans Grans a été injustement condamné, et c'est la police qui est responsable et aussi parce que je voulais me venger car j'avais été trop gentil avec lui, c'était un tel fardeau. Prenez ma vie, je n'ai pas peur de la mort par décapitation, ce sera un soulagement, mais mettez-vous à la place de Hans Grans qui va se poser des questions sur l'existence de Dieu et de la justice à cause de moi. Que Hans Grans me pardonne ma vengeance, l'humanité pour mes meurtres commis parce que j'étais malade. Je suis heureux de donner ma mort comme expiation à Dieu et à la justice.

Fritz Haarmann »

Ce courrier où il exonère complètement son jeune compagnon et affirme que les policiers l'ont forcé à accuser Hans d'être complice de ses meurtres apporte bon nombre de « précisions » en complète contradiction avec les faits et les preuves récoltées. Hans Grans ayant fait appel, il est à nouveau jugé et sa peine capitale est annulée le 19 janvier 1925. Après avoir purgé ses douze années de réclusion à « Zuchthaus Celle », il reste malgré tout enfermé à « KZ Sachsenhausen » jusqu'en avril 1945, avant sa libération, et il continue à habiter Hanovre. Il se marie et vit avec son épouse à Wathlingen, avant de revenir à Hanovre en 1955, où il décède vingt ans plus tard.

Fritz Haarmann est décapité le 15 avril 1925, à six heures du matin, dans la cour de la prison de Hanovre. On ne le prévient que le soir précédent qu'il va être exécuté. Il prie en compagnie d'un pasteur et demande à fumer d'excellents cigares et qu'on lui serve du café brésilien. Aucun membre de la presse n'est autorisé à assister à la décapitation, et il y a très peu de témoins. Ses ultimes paroles sont : « Je suis coupable, messieurs, et, même si c'est difficile, je veux mourir comme un homme. Je me repens, mais je ne crains pas la mort. » Des sections de son cerveau sont prélevées à des fins d'analyse. On y découvre des traces de méningite. Sa tête est préservée dans du formol à l'université médicale de Göttingen jusqu'au 23 janvier 2014, où elle est finalement incinérée.

LE SADIQUE DE L.A.

Otto Stephen Wilson

En 1944, Otto Stephen Wilson, un ouvrier de race blanche, est âgé de 31 ans lorsqu'il commet deux meurtres sur des femmes, accompagnés de mutilations et d'actes de dépeçage atroces. C'est le célèbre psychiatre Joseph Paul De River qui l'examine et l'interroge après son arrestation. Personnage controversé, Joseph Paul De River est né à La Nouvelle-Orléans le 15 novembre 1894. Après avoir travaillé pour la Navy, il devient conseiller pour le « Probation Department » de la ville de Los Angeles en 1934. Son rôle ? Il étudie des cas relevant de la psychiatrie criminelle et il témoigne dans les cours de justice. Il se passionne pour l'étude des criminels sexuels de toute sorte ; à l'époque, cette catégorie de « déviants » englobe aussi bien les meurtriers, les violeurs ou les pédophiles que tous ceux qui s'adonnent à des « actes indécents », tels que la fellation, le cunnilingus, la sodomie et, par-dessus tout, l'homosexualité.

Le 28 juin 1937, le bureau du procureur a l'idée de consulter De River pour qu'il examine la scène de crime du Centinela Park d'Inglewood, le jour même où les corps de trois fillettes sont découverts. Le psychiatre dresse un profil psychologique du meurtrier qui, lorsqu'il est arrêté une semaine plus tard, correspond trait pour trait au portrait établi par De River. Il ne s'est trompé que sur un seul point : Albert Dyer a 32 ans alors qu'il a mentionné un « âge probable d'une vingtaine d'années ». En tout cas, sa réputation est faite et il est bientôt engagé par le Los Angeles Police Department grâce aux recommandations du juge A.A. Scott et de l'enquêteur en chef du bureau du procureur, Eugene Williams. Même s'il n'est pas payé, l'influence de De River est grandissante. En échange de son aide, le LAPD l'autorise à utiliser les cas qu'il traite et les entretiens qu'il effectue pour la rédaction d'un ouvrage sur les criminels sexuels, *The Sexual Criminal*. De River le publie en 1949. Fin 1937, il crée le « Sex Offense Bureau » au sein du Los Angeles Police Department, dont il est l'unique employé. Il devient le premier psychiatre officiel d'un service de police aux États-Unis.

Dès qu'un suspect est arrêté dans une affaire de crime sexuel, ses empreintes sont relevées et il est photographié par les policiers, avant d'être interrogé par le docteur De River. Le psychiatre le questionne sur son histoire familiale, son existence, ses maladies vénériennes, son passé criminel et ses fantasmes sexuels. Toutes ces informations sont ensuite classées dans ce qui devient le premier fichier des délinquants sexuels.

En mai 1939, le Los Angeles Police Department décide de salarier le docteur De River qui obtient un nouveau succès avec l'arrestation du tueur en série DeWitt Cook, en août 1939. En 1944, il sert de conseiller technique à Fritz Lang pour son film *The Woman in the Window* (*La Femme au portrait*) et il signe de nombreux articles pour le tabloïd du magnat de la presse, William Randolph Hearst, *Evening Herald and Express*, grâce auquel il devient l'ami proche de la reporter vedette « Aggie » Underwood. Cette dernière couvre en 1947 la célèbre affaire du Dahlia Noir, à laquelle le psychiatre va être mêlé de près.

DE RIVER ET L'AFFAIRE DU DAHLIA NOIR

Le 17 janvier 1947, deux jours après l'assassinat d'Elizabeth Short (surnommée le « Dahlia Noir »), qui est retrouvée coupée en deux dans un terrain vague de Los Angeles, De River publie un article où il dresse le profil de ce « criminel à l'esprit tordu » : « Le tueur sadique d'Elizabeth Short a rempli son œuvre avec une évidente satisfaction égotiste pour prouver son désir de puissance.

« Il est évident qu'il hait les femmes. Le meurtrier est un sadique qui se réjouit à l'idée d'administrer des coups et qui, par la suite, s'acharne à détruire sa victime. Habituellement, ce type de criminel est un individu extrêmement pervers qui utilise toutes sortes de méthodes de torture pour satisfaire ses désirs.

« Nous devons garder à l'esprit que, pour cette catégorie de crime sadique, le coupable cherche par-dessus tout à infliger de la douleur et à humilier la victime.

« Il faut aussi se souvenir que des sadiques de ce calibre sont dotés d'une curiosité extrême et peuvent passer beaucoup de temps en compagnie de leurs victimes, même lorsque celles-ci sont mortes.

« Cet homme est peut-être même du genre studieux.

« Il a adoré l'humiliation de sa victime. C'est un expérimentateur et un analyste des formes les plus extrêmes de torture. »

Dans les jours qui suivent l'assassinat, le capitaine Jack Donahoe demande à ses hommes d'interroger systématiquement tous les criminels sexuels figurant dans le fichier du « Sex Offense Bureau », sans le moindre résultat probant. Le psychiatre De River participe à ces interrogatoires. Dans les semaines suivantes, plusieurs crimes sexuels intensifient encore la pression médiatique et politique sur les enquêteurs du Los Angeles Police Department. Le 10 février 1947, Jeanne French, 45 ans, est piétinée à mort ; le 11 mars, Evelyn Winters, 42 ans, secrétaire aux studios Paramount, décède d'innombrables coups, près d'une ligne de chemin de fer d'Union Station ; le 12 mai, Laura Trelstad, 37 ans, est violée, battue puis étranglée près d'un puits de pétrole, à Long Beach ; le 8 juillet, le corps dénudé de Rosenda Mondragon, 20 ans, est trouvé dans un caniveau proche de City Hall, le sein droit mutilé et un bas de soie autour du cou.

En réaction à cette vague de crimes, la Californie fait voter en 1947 une loi qui oblige tous les criminels sexuels condamnés à indiquer leur lieu de résidence aux autorités policières locales. Le docteur De River est l'un des spécialistes qui conseillent les législateurs. C'est le tout premier registre des délinquants sexuels à être mis en place aux États-Unis. Soixante ans plus tard, la plupart des États américains en possède un.

En octobre 1948, le magazine de faits divers *True Detective* publie un article de George Clark sur le meurtre du Dahlia Noir dont le dernier paragraphe contient une citation du docteur De River : « Le docteur De River croit que la personne capable d'infliger de tels sévices à Elizabeth Short va, un jour ou l'autre, par sa nature même, être poussée à se vanter de ce forfait qui a choqué la nation. »

OTTO STEPHEN WILSON, UNE ENFANCE TOURMENTÉE

À l'âge de 5 ou 6 ans, Otto Wilson est placé dans un orphelinat par ses parents qui décident de l'abandonner. Sa mère décède lorsqu'il a 15 ans. Ils n'ont jamais été proches et il ne l'a vue qu'à quelques reprises. « La dernière fois que je l'ai vue elle avait entre 40 et 45 ans. Jamais elle ne m'a embrassé, elle a juste dit “Hello”. Elle s'est remariée et elle a toujours été indifférente et froide à mon égard. » Quant à son père, mort lui aussi, il ne l'a aperçu qu'à une seule reprise. Il a deux frères et quatre sœurs. L'une d'elles est décédée mais il en ignore la cause, elle a souvent eu des vertiges, explique-t-il. Il est visible qu'il n'a pas de relations intimes avec sa famille. Il n'a pas connaissance d'une quelconque maladie héréditaire, de problèmes mentaux ou d'épilepsie chez aucun de ses proches et ancêtres. La dernière fois qu'il a rencontré un membre de sa fratrie c'était une sœur, il y a neuf ans. « Je suis resté dans cet orphelinat jusqu'à l'âge de 20 ans. Nous y étions tous sauf une de mes sœurs que mes parents ont gardée. »

Wilson contracte la syphilis et une gonorrhée auprès de la même femme. C'est le pénis qui est infecté en premier. Il est traité mais le test Wassermann, effectué dans la prison du comté après son arrestation, est positif. Il a des problèmes d'insomnie, il boit et fume à profusion mais ne se drogue pas. Il commence à se masturber dès l'enfance et son premier acte sexuel débute à 16 ans. « À 21 ans, une fille m'a demandé de la satisfaire avec ma langue. J'ai aussi été avec des hommes mais ce désir m'a quitté il y a trois ans [en 1944]. »

C'est le docteur Joseph Paul De River qui questionne le criminel :

— Et ces pratiques avec les hommes, cela démarre quand ?

— Il y a onze ans environ.

— Et vous faisiez quoi ?

— Ces actes étaient des « French parties » mais elles ne me satisfaisaient pas tout à fait, et le désir m'a quitté tout d'un coup. J'ai plus de plaisir avec les femelles.

— Avez-vous déjà éprouvé l'envie de tuer et de détruire des hommes ?

— Mon seul désir de destruction concerne les femmes. Cela m'est venu il y a trois ou quatre ans.

— Vous les préférez de quel âge ?

— Entre 25 et 30 ans.

— Comment cela s'est passé à l'Armée ?

— J'y suis resté dix ans environ comme soldat de seconde classe, au poste d'aide-pharmacien. On m'a libéré de mes obligations militaires pour des raisons médicales, à cause de ma psychose sexuelle. Ils m'ont gardé trois mois en observation à l'hôpital. Ma femme leur avait dit que j'étais homosexuel. Et que je buvais beaucoup, au point de l'avoir menacée avec un couteau. Que j'avais indiqué que j'allais lui taillader les fesses avec un rasoir.

Otto Stephen Wilson déclare qu'il aime les gens et qu'il s'entend bien avec eux. Il n'a pas d'ennemis. Il n'est pas antisocial, n'a pas d'hallucinations ni de délires. Il se montre poli et coopératif, il possède une bonne orientation quant au temps, à l'espace, aux dates et aux personnes. Son degré d'auto-analyse et son jugement sont bons. Sa culture est plutôt correcte vu son niveau de scolarité.

— Avec votre femme, vous pratiquiez souvent le cunnilingus ?
— Oui.
— Et elle faisait pareil avec vous ?
— Oui.
— Parlez-moi de ce désir. Est-ce une femme en particulier que vous désiriez ou n'importe laquelle ?
— Oh, n'importe laquelle lorsque j'ai un rapport intime avec une femme. En fait, je n'en ai pas connu beaucoup. Je n'étais pas en recherche. Cela venait naturellement – ou pas.
— Vous éjaculez lorsque vous faites un cunnilingus ?
— Non.
— Comment mettez-vous un terme à l'acte sexuel ?
— De manière régulière.
— Quel est donc ce désir que vous recherchez ? Ce vide que vous voulez combler ?
— Eh bien, je ne l'ai jamais trouvé, Doc.

Ce type de sadique est toujours en quête de quelque chose qu'il ne découvre jamais.

— Vous êtes brutal lors de l'acte sexuel ?
— Pas en général, non.
— Et les morsures, c'est arrivé quand ? Vous avez aussi mordu votre épouse ?

Otto Wilson hoche la tête pour acquiescer.

— Qu'est-il arrivé ce jour-là ?
— C'est la première fois que quelque chose de semblable est arrivé. J'ignore pourquoi ça m'est venu et je ne me souviens plus de tous les détails à présent, j'ai du mal à m'y faire. J'étais devenu complètement

fou, j'ai déjà fait de telles choses par le passé et j'étais toujours satisfait et apaisé lorsque c'était fini, mais là... Je ne sais pas – le désir ne fait que croître en moi.

— Vous avez un désir spécifique. C'est ce que je cherche à savoir et vous seul pouvez m'aider.

— Eh bien, Doc, c'est juste cette épouvantable pulsion qui s'empare de moi. C'est sûrement ça.

— De quoi s'agit-il ?

— Eh bien, de les tuer.

— C'est ce que je cherche à savoir. Vous l'avez déjà connue auparavant ?

— Oui, en effet.

— Combien de fois ?

— Plusieurs fois.

— La première fois, c'est arrivé comment ? Vous vous en souvenez ?

— Oh, non, je ne m'en rappelle pas exactement mais c'est à coup sûr la même chose qui m'est arrivée lorsque j'ai menacé mon épouse. Il n'est pas nécessaire qu'une femme en particulier soit présente. Je peux être seul lorsque cette envie s'empare de moi, et je m'assomme avec du whisky pour perdre conscience de tout ça. À de nombreuses reprises je me suis réveillé terrorisé et glacé, en me disant qu'il fallait que je fasse attention à moi à l'avenir. Je n'arrive pas à contrôler cette pulsion qui s'empare de moi.

— Quand cette pulsion s'empare de vous, qu'est-ce qui se passe dans votre tête ?

— Oh, Doc, j'ai envie de les frapper ou quelque chose comme ça.

— Lorsque ça vous arrive et que vous vous laissez aller, avez-vous envie de voir du sang ?

— Oui, on peut le dire.

— De trancher la chair ? Avec un couteau, plus que tout autre instrument ?
— Oui, c'est tout à fait ça.
— Et vous prenez votre temps pour agir ou est-ce que c'est une sorte de frénésie ?
— C'est toujours fait très vite, très très vite – comme si je voulais en finir le plus rapidement possible.
— Le fait de détruire une personne, cela vous donne une certaine forme de plaisir ?
— Eh bien, je vais vous dire, c'est toujours ce à quoi je m'attendais, mais le plaisir n'était jamais là à l'arrivée.
— Alors pourquoi recommencer une seconde fois ?
— Eh bien, je pense qu'il y avait malgré tout un certain degré de plaisir, mais, Doc, je n'arrive pas à mettre des mots là-dessus. Je ne sais comment le décrire...
— Et vous avez pratiqué le cunnilingus sur ces deux femmes ?
— Sur l'une des deux.
— Laquelle ?
— La première.
— Vous êtes resté longtemps avec elle ?
— Un peu plus d'une heure, je pense.
— Vous l'avez mordue autour des parties génitales ?
— Eh bien, je préfère plutôt les embrasser à cet endroit.
— Vous aimez mordre les cuisses et les parties génitales ?
— Oui, dans une certaine mesure.
— Vous avez mordu les seins de la seconde victime...
— En effet.
— Vous n'aviez pas envie d'avoir des rapports intimes avec ces deux femmes ?
— Non, pas du tout.

— En mordant le sein de cette deuxième victime, vous lui avez arraché le téton avec vos dents. Elle a dit quelque chose ?

— Eh bien, je l'avais frappée auparavant.

— Racontez-moi comment vous avez tué la première ?

— Oh, je l'ai étouffée. Étranglée jusqu'à ce qu'elle meure et je l'ai poignardée.

— Dans quelles parties du corps ?

— Partout.

— Vous lui avez tranché la gorge ?

— Je crois que oui.

— Elle s'est débattue ? Elle a crié ?

— Non.

— Comment avez-vous procédé ? En l'étouffant à mort tout d'abord ?

— Oui.

— Après l'avoir assassinée, vous l'avez embrassée ? Vous avez eu des remords ?

— Non, pas du tout.

— Vous avez inspecté ses parties génitales ?

— Non. J'ai juste commencé à la découper.

— Vous l'avez aussi frappée à la mâchoire ? Avec votre main ?

— Je me suis servi de mon poing fermé.

— Après avoir mordu la seconde femme au sein et à la gorge, qu'avez-vous fait du téton ? Vous l'avez avalé ?

— Je ne sais pas. J'ai très bien pu le faire et ne plus m'en souvenir. Oui, c'est tout à fait possible.

— Vous vous souvenez si vous avez mordu les deux femmes ?

— Je me rappelle pour le sein de la deuxième mais je ne sais plus si je l'ai gobé ou non. J'étais comme dans un brouillard, je suis incapable de m'en souvenir.

J'étais dans un état de frénésie totale et j'essaie de me souvenir.

— Vous avez eu ces envies à cinq ou six reprises ?

— Oui.

— Vous vous souvenez si vous avez déjà commis de tels actes auparavant ? Ce n'était pas la première fois ?

— Si, c'était la première fois. J'avais toujours maintenu ce désir sous pression, mais, là, tout a explosé.

— Et ce sang que l'on voit sur votre moustache ?

— Probablement lorsque je lui ai mordu le sein.

— Elle a beaucoup saigné avec cette morsure ?

— Je ne m'en rappelle plus du tout. Je ne sais même pas si elle a perdu du sang.

— Elle était déjà morte ?

— Je l'ignore. Je l'avais frappée. Je ne sais pas.

— Combien de temps après l'avez-vous mordue au sein ? C'était l'un de vos premiers actes ou l'un des derniers ?

— Le tout premier, je crois.

— L'une des premières choses avant d'utiliser une lame de rasoir sur elle ?

(Otto Wilson reste silencieux.)

— Était-ce une volonté de les faire souffrir ?

— Non, ça pourrait… peut-être est-ce quelque chose dans ce style-là. Je n'en suis pas certain. J'avais cette pulsion de les détruire à tout prix et je l'ai assouvie. J'ai juste agi ainsi et je ne pouvais pas me contrôler.

— Pourquoi ? Expliquez-moi ce sentiment de destruction.

— Je ne sais pas… J'ai toujours été en retrait et réservé. Je ne sais pas… une fois de temps en temps, j'éprouve cette envie irrésistible de sortir de ma coquille et de m'affirmer de cette manière.

— Cela vous donne un sentiment de supériorité quand vous agissez ainsi, c'est ça ?

— C'est fort possible. C'est peut-être ça, en effet.

Joseph Paul De River revient sur les relations d'Otto Wilson avec sa mère et son placement dans un orphelinat. (« L'environnement et l'ambiance à la maison n'étaient pas bons. »)

— Avez-vous connu beaucoup d'affection dans votre existence ?

— Non, pas beaucoup.

— Vous en avez voulu à votre mère pour cette froideur et le placement dans un orphelinat ?

— Oui, d'une certaine manière, oui.

— Vous avez l'impression qu'on vous a en quelque sorte volé votre enfance ?

— Oui, c'est le sentiment que j'éprouve.

— Vous en voulez à votre mère ?

— Pas exactement envers elle mais j'ai été blessé de ne pas avoir de mère.

— Et votre épouse ? Elle vous donne beaucoup d'amour et d'affection ?

— Eh bien, nous avons vécu ensemble pendant deux ans et demi, et je ne peux pas dire qu'il y ait eu beaucoup d'affection. Ce n'était pas dans sa nature.

— Pendant votre mariage, vous aviez des relations intimes avec des hommes ?

— Oui, monsieur. Mais ça, c'est une chose qui m'a quittée. Cela fait des années que je n'ai plus ce type de désir.

— Cela se passe comment pour vos relations sexuelles avec les femmes ?

— Plutôt bien.

— Aviez-vous un complexe de supériorité ou alors vous étiez plutôt timide de nature ?

— Très timide.

— Et pour celle qui est devenue votre épouse ?

— Eh bien, avec elle je n'ai pas été timide.

— Votre addiction à l'alcool a démarré quand ?

— Il y a huit ans environ.

— Pourquoi avez-vous un couteau de préférence à une autre arme ?

— Eh bien, je suis passé devant cette boutique où il y avait des couteaux dans la vitrine et ça m'a donné l'idée d'en acheter un. De toute façon, j'étais déjà l'objet d'une tension extrême… sous l'emprise de cette pulsion de destruction.

— Ils vendaient d'autres objets tels que des hachettes, des marteaux ou des tournevis, mais vous avez sélectionné un couteau, c'est ça ?

— Oui.

— Parce que c'est plus facile à cacher ?

— C'est drôle mais je ne me rappelle plus du tout l'avoir emporté après m'être acheté une bouteille de whisky. Je ne me souviens même plus comment je suis arrivé dans cet hôtel, si j'ai pris l'ascenseur ou les escaliers.

— Vous étiez ivre ?

— Oui, plutôt, monsieur.

— Essayez de vous souvenir comment vous le transportiez ? Caché dans votre manche ?

— Je l'avais emballé dans un journal.

— À quel moment avez-vous sorti le couteau du journal ? Tout de suite ou plus tard ?

— J'ai ouvert la bouteille de whisky et je l'ai posée sur la table. J'ai bu deux verres et c'est à ce moment-là que je l'ai déballé.

— Vous lui avez montré ?

— Non, je l'ai juste posé sur la table de nuit.

— Est-ce qu'elle l'a vu ?

— Je l'ignore.

— Vous ne l'aviez pas encore étranglée ?

— Non, c'est arrivé après avoir bu deux verres chacun. Puis je l'ai étranglée.

— Un acte spontané ? Tout d'un coup, vous avez eu envie de l'étrangler.

— Oui, monsieur.

— Qu'est-ce qui vous a poussé à agir de la sorte ? Vous en avez une idée ?

— Dieu, je ne peux pas vous répondre, Doc... Je ne sais même plus...

— Une parole qu'elle a prononcée ? Ou cette pulsion qui vous a traversé l'esprit ?

— Elle a commencé à me dire que ce serait 20 $ au lieu de 5 $. Bon, je sais que ce n'est pas une raison valable, une excuse, mais je ne sais pas...

— Est-ce qu'elle a dit quelque chose lorsque vous avez commencé à l'étrangler ? Elle a crié ?

— Je pense qu'elle a dû crier un peu.

— Et vous lui avez parlé ?

— Je ne lui ai rien dit. Enfin, je ne sais plus...

— Après, vous avez pris le couteau ?

— Après l'avoir étranglée, oui.

— Elle était morte après l'étranglement ?

— Je pense que oui. En tout cas, elle avait perdu connaissance. Elle a basculé vers le lit.

— Elle était debout lorsque vous avez commencé à l'étrangler ?

— Oui, monsieur.

— Elle était où ? Dans le coin de la chambre ? Ou près du lit ?

— Dans la salle de bains.

— Vous l'avez saisie par derrière ou vous lui faisiez face ?

— Je crois qu'elle me faisait face. En l'étranglant je l'ai fait basculer sur le lit, sans la lâcher.

— Et vous avez continué à l'étrangler lorsqu'elle était allongée sur le lit ?

— Non, elle est parvenue à se redresser. Nous avons lutté.

— Et ensuite ?

— Je pense que j'ai dû m'emparer du couteau. Je me rappelle lui avoir donné un coup avec mon arme alors qu'elle est allongée sur le lit.

— Où avez-vous pratiqué la dissection ?

— Sur le lit.

— Et cela vous a pris combien de temps à partir du moment où vous l'avez étranglée et celui où vous lui avez tranché les jambes, les bras et les seins ?

— Je dirais environ une heure.

— Vous aviez préparé un plan pour l'assassiner ou c'était sous le coup de votre pulsion ?

— Je n'avais rien planifié, c'était sous l'emprise de ma pulsion de destruction.

— Pourquoi avoir tracé un cercle autour des parties génitales ?

— Je ne sais pas pourquoi j'ai fait cela.

— Et le cunnilingus, vous l'avez fait de son vivant ? Ou après l'avoir étranglée ?

— Non, elle était toujours vivante.

— Lorsque vous l'avez disséquée, vous étiez déshabillé ?

— Oui, j'étais nu.

— Et lorsque vous l'avez étranglée ?

— J'étais déjà nu.

— Et pour la seconde victime, c'était pareil ?

— Non, j'avais encore quelques vêtements sur moi.

— Il y avait beaucoup de sang sur vos mains après ce premier assassinat ? Vous les avez lavées ?

— Eh bien, je crois que je me suis lavé les mains.

— Dans le lavabo ?

— Oui, monsieur.

— Pour le second meurtre, il n'y avait pas de lavabo, je crois ?

— En effet, je suis sorti pour demander la clef des toilettes qui sont sur le palier. Une femme m'a aperçu. L'employée m'a aussi ouvert la porte de la chambre car la clef était restée à l'intérieur. Lorsque j'ai quitté les lieux, j'ai oublié ma veste dans la chambre.

— Quand vous ressentez cette pulsion de détruire, cette volonté de tuer, est-ce pour la strangulation, l'utilisation d'un couteau ou le besoin de frapper ? Pouvez-vous me l'expliquer ?

— Je ne sais pas… juste l'envie de tuer, je suppose.

— Maintenant que c'est arrivé, que ressentez-vous ?

— Oh, je suis désolé pour moi.

— Désolé pour vous ? Pourquoi cela ?

— Eh bien, on ne peut pas dire que je me trouve dans la meilleure position au monde à l'heure actuelle.

— Vous êtes désolé pour vous. Et qu'éprouvez-vous pour ces personnes que vous avez détruites ?

— Je suis aussi désolé pour elles, je suppose. J'avoue que je ne me suis pas encore posé la question.

— Quel est votre sentiment sur ce que vous avez fait ?

— Eh bien, je l'ignore. Je ne sais pas si c'est plus pour ces deux personnes ou pour ma propre situation. C'est juste que je ne le sais pas.

— Mais vous êtes désolé d'être dans une telle position, cela vous en êtes certain ?

— Oui, monsieur.

— Est-ce bien ou mal de tuer ?

— C'est mal. Je le sais à présent. Mais ce que je cherche à vous dire c'est que je ne me suis pas posé la question quand j'étais dans cet état de vouloir détruire à tout prix.

— Qu'est-ce qui a déclenché ce geste meurtrier ? Lorsque vous êtes monté dans la chambre avec la première femme, saviez-vous que vous alliez la tuer ?

— Non, monsieur. Je n'y pensais pas jusqu'à ce que je voie cette vitrine avec les couteaux... J'étais nerveux et hyper tendu.

— Tendu ?

— Oui, monsieur. Dès l'instant où je suis entré dans cette boutique, je n'étais plus le même homme. Mon état d'esprit avait changé, j'ai acheté le couteau puis du whisky et je suis monté à l'étage de cet hôtel.

— Le fait de boire du whisky, c'était pour apaiser votre tension et vos pulsions ?

— Oui, oui... Voilà pourquoi je bois toujours... afin d'oublier.

— Quand ces femmes se débattent, cela vous pousse à faire attention ou cela libère encore plus vos pulsions meurtrières ?

— Si cette envie est assez forte, peu m'importe qu'elles se battent ou non, je sais que je dois le faire.

— Le faire ?

— Aller jusqu'au bout.

— Qu'elles se débattent vous pousse à agir d'autant plus violemment, c'est ça ?

— Oui, c'est fort possible.

— Cette pulsion est devenue plus forte ces dernières années ?

— On peut le dire. C'est devenu plus intense et mes efforts pour la supprimer ont été de plus en plus forts.

Mais lorsque je me relâche, c'est comme une explosion et je n'ai plus aucune notion du Bien et du Mal.

— On vous a arrêté une fois pour avoir molesté une jeune fille dans l'escalier d'un hôtel ou d'un appartement ? Vous pouvez m'en dire plus ?

— Oh, je ne sais pas si c'était un hôtel. Je crois que c'était un immeuble d'habitation. J'étais sur le trottoir et j'ai vu cette fille ouvrir la porte d'entrée. Je l'ai suivie et au moment où je la saisis par l'épaule, je relâche mon geste et je m'enfuis.

— Elle était dans l'escalier ?

— Sur les premières marches qui mènent au palier du premier étage.

— Elle a crié ?

— Oui, monsieur.

— C'était cette pulsion ?

— Non, je... eh bien peut-être qu'elle se serait déclenchée, je ne sais pas.

(Il a été condamné à trente jours de prison pour cette agression.)

— Vous reconnaissez être un homosexuel. Dans vos relations intimes avec d'autres hommes, les avez-vous mordus ou frappés ?

— Non.

— Ou coupés avec un couteau ?

— Non.

— Vous éprouviez de l'affection pour vos partenaires masculins ?

— Non, pas nécessairement. Non.

— Cela vous faisait plaisir de les embrasser ?

— Non, juste un certain plaisir à mêler nos langues lorsque je les embrassais.

— Et vous aviez en même temps des relations intimes avec des femmes ?

— Oui, monsieur.
— Votre épouse vous attirait ?
— Oui, elle m'attirait beaucoup.
— Vous avez essayé de lui faire du mal ?
— Non, monsieur.
— Mais vous y avez pensé ?
— Oh, certainement un petit peu.
— Est-ce qu'on vous a jamais administré un autre traitement que celui pour la syphilis ?
— Non.
— Jamais d'insuline ?
— Non.
— Des chocs électriques ?
— Non.

Pour le docteur Joseph Paul De River, Otto Stephen Wilson est un « psychopathe de nature sexuelle dont l'origine se situe dans son enfance et l'abandon par sa mère qui le place dans un orphelinat. (...) Il n'y a jamais eu d'amour entre le jeune Otto et ses parents. Il évoque un unique épisode où sa mère l'a embrassé. (...) En tuant ces femmes (et non pas des hommes) qui représentent le symbole maternel sans l'ombre d'un doute, il tue en fait la chose qu'il aime le plus, ce qui lui a été refusé. (...) Il a des tendances sadiques très affirmées, même s'il indique ne pas connaître de satisfaction sexuelle lorsqu'il commet ces actes de mutilation. La dissection est une véritable passion pour lui. Ce n'est pas un violeur. Le sujet présente aussi des traits de cannibalisme affirmés par ses morsures au cou et sur le sein d'une de ses victimes. Il n'a aucun remords. Otto Stephen Wilson est responsable de ses actes, il sait très bien différencier le bien du mal. »

Lors de son procès, Otto Stephen Wilson est condamné à la peine de mort le 5 juillet 1945 pour les assassinats de deux prostituées, Virginia Lee Griffin, le 15 novembre 1944, et Lillian Johnson, 38 ans. Il est arrêté grâce aux témoignages de plusieurs personnes qui en dressent un portrait-robot. Comme les deux meurtres se sont déroulés dans des hôtels proches l'un de l'autre, les enquêteurs estiment que le criminel habite aussi le quartier. Les agents patrouillent un périmètre d'environ une vingtaine de pâtés de maisons du « Skid Row » de Los Angeles.

En patrouille, l'agent de police Harold Donlan aperçoit un individu qui ressemble à l'assassin en train de boire une bière dans un bar de South Hill, à quelques dizaines de mètres de l'établissement où la seconde victime a été assassinée. Il est en train de discuter avec une prostituée et allume une cigarette avec une pochette d'allumettes au nom de ce même hôtel. Une fois arrêté, il est emmené au commissariat où ses empreintes correspondent à celles prélevées sur les deux scènes de crime. Otto Stephen Wilson reconnaît très vite les faits et il admet que la femme qu'il a abordée dans le bar était destinée à devenir sa troisième victime. Il est exécuté dans la chambre à gaz de la prison de San Quentin le 20 septembre 1946.

LE TUEUR DE FEMMES

Henri Vidal

Henri Hippolyte Joseph Vidal est condamné à la peine de mort par la cour d'assises de Nice le 5 novembre 1902. Sa peine est commuée en réclusion criminelle à perpétuité par le président Loubet le 6 janvier 1903 et il est envoyé au bagne de Cayenne où il décède le 9 juillet 1906. Jusqu'à l'âge de 35 ans, il ne commet que de menus délits. Il est issu d'une bonne famille et sa mère tient un hôtel à Hyères. Son père décède trois mois avant sa naissance d'une pneumonie précédée d'une fièvre typhoïde, et il aurait eu la syphilis. Du côté de la mère de Vidal, il y a plusieurs épileptiques. Léopold, le frère aîné d'Henri, meurt d'une tuberculose à l'âge de 35 ans. Il est connu pour être un aventurier à la moralité douteuse qui escroque des femmes. En mai 1894, les autorités le soupçonnent un temps d'avoir assassiné Marie Arnoux, femme de chambre à l'hôtel des Hespérides à Marseille.

Vidal est dépeint comme « taciturne et triste. Je ne l'ai jamais vu regarder en face. Il avait toujours le regard fuyant ». Un gendarme fait un parallèle entre les deux frères : « Autant Léopold était exubérant, actif, bon à toutes les besognes pour se procurer de l'argent, rempli d'influence sur sa mère qui ne voyait que par lui, autant Henri Vidal était craintif, concentré, sournois et vivant seul, fréquentant peu, et l'on disait que sa mère n'avait pas grande affection pour lui. Il était doux et poli. » Dans ses mémoires, Vidal parle des relations entre les deux frères : « Quant à Henri il n'était qu'une bugne. Dès son jeune âge, mon frère a toujours fait dans la maison ce qu'il a voulu, le moindre de ses caprices était un ordre, alors que moi j'ai toujours été considéré comme nul. Dès son âge de puberté, mon frère était déjà regardé comme un homme dont le moindre désir était exécuté, il avait pour lui tout ce qu'il voulait, depuis les plaisirs de la maison jusqu'aux maîtresses qu'il entretenait avec l'argent que lui fournissaient sans compter ma mère et ma grand-mère. »

Jusqu'à ses 14 ans, Henri Vidal souffre d'énurésie. En pension, ses camarades se moquent parce qu'il fait pipi au lit. Un ou deux ans plus tard, il garde le lit pendant six mois à cause d'une fièvre typhoïde très grave. Sa convalescence dure un an, il est presque réduit à l'état de squelette et semble avoir perdu la mémoire. Ses facultés intellectuelles sont amoindries et sa mère le retire du pensionnat Saint-Charles où il avait pour projet de préparer Saint-Cyr. Il affirme aussi avoir découvert un nouveau moyen de propulser les ballons dirigeables. « J'ai dû l'employer dans l'hôtel à de petites besognes soit dans les salles, soit au jardin. Pour des motifs futiles il s'emportait contre les employés et pour un rien il leur aurait sauté à la gorge. »

Lorsqu'il a 20 ans, Henri Vidal fugue à neuf reprises pour aller voir ailleurs sans prévenir personne. En 1887, il vit sept mois à Paris où, le 10 octobre, il est condamné à six jours de prison pour « filouterie d'aliments ». Il part à Nice, deux fois à Marseille ainsi qu'à

Genève. En 1888, il est soldat au 111e de ligne en Corse où il reste trois ans, sans poser de problèmes en toute apparence, avant de revenir à Hyères en 1891. Jusqu'en 1895, il occupe la fonction de maître d'hôtel dans l'établissement familial où les affaires périclitent. Il fait plusieurs chutes de vélo dont l'une, assez sérieuse, lui occasionne un traumatisme crânien accompagné de vertiges. Les quatre années passées à Hyères sont marquées par des délits de droit commun, comme le signale un gendarme à la retraite, M. Romanane : « La conduite d'Henri Vidal à Hyères n'était pas bonne : il semblait avoir la monomanie du vol et deux fois la gendarmerie eut à s'occuper de lui. Une première fois, en 1891, Henri fut convaincu de s'être introduit la nuit avec effraction chez MM. Huber et Arnaud, la deuxième fois, en 1893, il vola des vases de fleurs. »

Dans ses mémoires, Vidal affirme avoir tenté de se suicider à sept ou huit reprises. Voici ce qu'en dit sa mère : « En dehors des attaques occasionnées par sa première chute de bicyclette, je ne lui ai jamais vu des attaques de nerfs, ni des vertiges. J'ai bien remarqué parfois des absences, mais je les attribuais à un défaut de mémoire, car depuis sa fièvre typhoïde, je le considère comme un peu faible d'esprit. Il disait constamment qu'il voulait se tuer. Depuis l'âge de vingt ans, il menaçait toujours de le faire. »

Son frère Léopold, qui est déjà parti au Soudan pour le compte du gouvernement, décide d'y retourner pour une société qui exploite de riches gisements aurifères. Il propose à son frère de venir le rejoindre pour s'occuper des ouvriers, avec des appointements de 500 francs par mois. Là encore, sa mère témoigne : « Il me quitta pour aller au Soudan où il était employé pour surveiller des nègres. Je sais que les Noirs ne l'aimaient pas, le craignaient à cause des fureurs dans lesquelles il se mettait contre eux. Ils disaient même qu'il était fou. Ces propos ont été tenus par deux Noirs que mon fils Léopold avait amenés en France. Henri est allé deux fois au Soudan. Il y est resté une fois dix-huit mois et une autre fois un an… Mon fils gagna au Soudan des accès de fièvre paludéenne qu'il a encore et qui le rendent sombre et taciturne lorsqu'il en ressent les atteintes. Je dois vous déclarer qu'il y fut atteint également d'une maladie vénérienne grave qui donne lieu à des émissions d'urine sanguinolentes et pour laquelle il est obligé de faire usage d'une sonde… J'ai constaté qu'à son retour du Soudan mon fils avait des allures sauvages. J'ai constaté cette attitude la dernière fois qu'il est venu à la maison. J'ai eu peur de lui ce soir-là et ai même fait fermer la porte de ma chambre à clef, de même que j'ai fait fermer celle d'un employé couchant à côté de lui. »

L'un de ses collègues de travail au Soudan, Pierre Flayol, témoigne à son sujet : « Autant Léopold était intelligent, ouvert, bon camarade, charmeur et cœur excellent, autant Henri était sournois, taciturne, peu sociable, mauvais camarade. Je veux dire que, durant le cours de nos deux missions, il ne se fit pas un ami et il fit preuve d'un égoïsme féroce. » Une déception l'attend à son retour au pays : les quatorze mois d'appointements qu'il doit toucher, soit 7000 francs, ne lui sont pas payés car le directeur de la société a disparu. Pendant dix mois, il récupère de ses accès de paludisme en prenant de la quinine à haute dose et il reprend sa routine à l'hôtel. Léopold le mande à Paris et lui fait signer avec la nouvelle société un engagement d'un an. Au retour de sa mission, on lui paye ses appointements, mais le directeur l'informe qu'il n'a plus besoin de ses services, un épisode sur lequel Vidal s'épanche dans ses mémoires : « Voilà trois ans d'un travail surhumain, de privations et de souffrances sans nombre, malade et fiévreux jusqu'à la moelle des os, et cela pourquoi ? Pour rien ! (...) Il y avait en moi comme un vaste incendie qui se serait allumé dans mon être pour le détruire à jamais, j'étais rageur, emporté et parcourais les rues de Paris en marchant vite, mais sans but, je ne savais que faire : je sortais d'un bar pour rentrer dans un autre et n'avais à la bouche qu'un seul mot : "un Pernod". Le Pernod c'était mon pain, mon lait, j'avais la ferme conviction que seule la boisson pouvait rendre à mon esprit la tranquillité si désirée. »

Henri Vidal se fait escroquer de 1500 francs par son frère et il revient à contrecœur à Hyères pour y reprendre son travail. L'année 1899 est très sombre, sa grand-mère adorée décède, l'hôtel familial est l'objet d'une licitation et, quelques semaines plus tard, c'est Léopold qui succombe des suites d'une appendicite. Henri devient marchand de volailles, mais il a horreur du sang et ne peut tuer lui-même les animaux qu'il vend. C'est ce qu'il appelle sa « grosse répugnance pour le sang ». « Lorsque je me coupais ou me faisais une blessure quelconque, lorsque même sur une autre personne, je voyais une goutte de sang, j'avais comme une faiblesse qui s'emparait de moi et j'étais obligé de me passer les mains devant les yeux pour ne pas m'évanouir, je m'asseyais. » Autre contradiction de la part d'un homme qui a commis des assassinats en série, a soulevé les corps de ses victimes. À la prison Saint-Paul, un détenu s'est pendu dans une cellule voisine. Vidal n'a pu dormir pendant une grande partie de la nuit, la seule idée du mort qui est à côté de lui le terrorise. « C'est que petit comme grand, j'ai toujours eu des cadavres une peur insensée. Quand quelque client meurt, à la maison, je n'ose pas aller seul dans la chambre. Même mon frère, je n'ai pas pu m'approcher de son lit pour l'embrasser avant qu'on ne le mît en bière. Ce n'est pas une peur si vous voulez, car je sais bien qu'un mort ne peut pas faire de mal, mais une sorte de crainte qui me fait voir le mort revenant à la vie et me frappant ou criant parce que je l'avais cru mort. »

Henri Vidal quitte Hyères car l'hôtel n'appartient plus à sa mère et il ne s'entend guère avec les nouveaux propriétaires ni avec les autres employés. On lui fait tout le temps des observations, explique-t-il. Le 11 novembre 1901, il loue une chambre à Beaulieu pour y créer un commerce de comestibles mais il travaille peu car il se lève tard. Il ne paye pas ses fournisseurs et se dispute avec ses rares clients. Ses maigres ressources sont vite épuisées et il prend la décision « de se procurer de l'argent par n'importe quel moyen ». Le 25 novembre, Vidal se rend à Nice où il passe souvent ses soirées. À deux heures du matin, il est assis sur un banc de l'avenue de la Gare lorsque passe devant lui une jeune prostituée, Joséphine Morero, qu'il ne connaît pas. Il lui demande de l'amener chez elle, ce qu'elle accepte. En route, il prend beaucoup de précautions pour se dissimuler et raconte que sa femme est à la gare. Il a dans sa poche un couteau car il est venu à Nice avec la ferme intention d'assassiner une femme, indique-t-il lors de son interrogatoire du 3 janvier 1902.

À l'instant où Joséphine Morero se prépare à allumer une lampe, Vidal, sans un mot, la renverse et lui assène un coup de couteau dans le dos. Elle pousse des cris et il prend tout de suite la fuite. Dans la rue, il croise une autre jeune fille, Augustine Bovis, à qui il demande si elle est seule. Devant sa réponse évasive, il s'en tient là. Elle témoigne pour indiquer à quel point il semble surexcité et inquiétant. Il erre jusqu'au matin dans les rues de Nice avant de rentrer à Beaulieu. En chemin, il se débarrasse de l'arme du crime. Dans les jours qui suivent, il ne change rien à ses habitudes et affirme ne pas être affecté le moins du monde par son acte.

Début décembre, il part à Marseille où il loue un logement à l'Estaque dans le but de se créer un alibi. Le soir du 6 décembre, il dîne dans la cité phocéenne, sur le cours Belsunce. Il se rend à la Maison-Dorée où il sait pouvoir rencontrer des femmes. À deux heures du matin, Vidal offre un verre à Louise Guinard. Il raconte qu'il l'a remarquée depuis longtemps et la complimente sur ses bijoux. Il paraît soucieux et troublé : il craint d'être reconnu à cause de sa mère, dit-il pour expliquer sa nervosité. Au domicile de Louise Guinard, elle allume une lampe. À ce moment, Vidal se précipite sur elle pour la saisir par le cou. Elle parvient à se dégager. Elle reçoit deux coups de couteau à la main gauche, tombe sur une chaise longue, se redresse et porte à son agresseur un violent coup de pied dans les parties. Vidal titube à son tour. Louise Guinard en profite pour sortir de la chambre et tente de l'y enfermer derrière elle. Mais il repousse avec force le battant. Elle hurle « au secours ». Vidal se précipite sur le palier et lui porte plusieurs coups de couteau. L'arme tombe à terre, il la ramasse et s'enfuit. Il déambule au hasard dans Marseille pour regagner l'Estaque au petit matin.

« Mon intention était de prendre les bijoux de la fille Guinard. »

Le 9 décembre, il se rend à Hyères pour emprunter de l'argent à sa mère qui refuse dans un premier temps, avant de lui allouer cent francs après qu'il lui déclare : « Tu veux donc que j'assassine pour avoir de l'argent. » Le lendemain, il part pour Toulon où il dîne à la Taverne Alsacienne. Il lie conversation avec une jeune femme, Van Brusselin, qui accepte sa proposition de coucher avec lui pour vingt francs. Au matin, Vidal lui propose de manger ensemble à Tamaris. Le soir venu, il retrouve Van Brusselin et prend prétexte de vouloir éviter un ami qu'il ne souhaite pas croiser pour emprunter un chemin à l'écart. Il frappe sa victime dans le dos, lui prend une bague en or et ses boucles d'oreilles, avant de faire basculer le corps dans un fossé. On retrouve le cadavre le 12 décembre et, une vingtaine de mètres plus loin, l'arme du crime tachée de sang.

À la mi-décembre, Vidal quitte Beaulieu pour s'installer rue Saint-François de Paule à Nice, soi-disant pour y faire le commerce de fleurs. Le 22 décembre, au soir, il est sur le quai de la gare de Nice où il attend le dernier moment pour monter à bord d'un compartiment où se trouve une jeune femme seule, Gertrude Hirschbrunner, qui prend le train de Nice à Menton. Entre Beaulieu et Èze, il bondit sur elle pour l'égorger et balance le cadavre sur la voie, avant de sauter du train en marche. Il dépose la victime sur un talus, à l'abri des regards. Il la dépouille d'une montre, d'une chaîne et de 25 francs avant de rentrer à pied à Nice où il arrive vers minuit. Il remarque des taches de sang sur ses vêtements et se lave place Garibaldi. Une fois de retour à son domicile, il dort profondément. Avant le meurtre du train, sa bonne a remarqué un long couteau de cuisine, qui a disparu le lendemain du crime. L'employée remarque aussi un pardessus de caoutchouc taché de sang accroché au porte-manteau de sa chambre. Lors de son interrogatoire du 31 décembre, il avoue : « C'est moi qui ai tué cette fille pour la voler. Je ne la connaissais pas. Ce soir-là, je voulais de l'argent à tout prix. Je voulais faire un coup, et j'ai tué la première venue. Ma mère m'avait abandonné. »

Le 26 décembre, il prétend avoir commis un vol à l'hôtel des Bains à Saint-Raphaël. Son butin se résume à un nécessaire et un appareil photo, et il se serait enfui de la chambre de ce client en descendant en rappel par une corde. « Il y avait deux jours que je n'avais pas mangé. » Le 29 décembre, il est arrêté sous l'inculpation de vol et d'infraction à la police des chemins de fer, pour être incarcéré à la prison de Nice. Ainsi que le docteur Jean Boyer l'analyse dans son rapport d'évaluation psychiatrique, repris dans le numéro 107 des « Archives d'anthropologie criminelle » en date du 15 novembre 1902 et co-signé par les professeurs Alexandre Lacassagne, Jean Boyer et Fleury Rebatel : « Les femmes ont toujours été la cause de son malheur et pour cela il a conçu contre elles une haine qu'est venu exaspérer un jour le départ de son employée, le laissant seul, obligé de faire sa chambre, sa cuisine ; aussi dès le soir même il voulut mettre à exécution l'idée fixe qui le poursuivait déjà depuis quelque temps : se venger sur la première venue des déceptions et des chagrins que les femmes lui avaient causés.

« C'est le même sentiment qui l'a poussé à accomplir ses autres crimes. La peur d'être pris ne l'a jamais préoccupé. Au moment de son arrestation il éprouva tout d'un coup une grande lassitude de la vie et il résolut d'en finir avec elle au plus vite. C'est dans ce dessein qu'il se décida à tout avouer, à se charger même plus que de raison, soit en reconnaissant le vol de Saint-Raphaël, dont cependant il n'est pas l'auteur, soit en avouant avoir tué pour voler, ce qui n'a jamais été dans ses intentions. »

Vidal, une fois emprisonné pour des meurtres de femmes, remplit quatorze cahiers d'une écriture lisible et correcte : « Les mémoires proprement dits s'arrêtent au milieu du troisième cahier. Les autres sont remplis de redites et de développements. La caractéristique de cette œuvre est d'être remplie de fausse sentimentalité et d'exagérations.

« Vidal se donne comme un persécuté victime de son frère et de sa mère. Il écrit : “Foncièrement bon comme je l'étais et incapable de faire du mal à une mouche.” Cette sentimentalité n'a que lui-même pour objet. Dans son récit, Vidal passe très vite sur l'essentiel et insiste sur l'accessoire. Les crimes sont racontés et expliqués en quelques lignes : “Je vis rouge… un nuage multicolore me passait devant les yeux, une lueur rougeâtre me passait devant les yeux.” »

En conclusion de leur rapport d'évaluation effectué à Lyon le 31 août 1902, les trois médecins affirment :

1° Henri Vidal ne présente aucun signe de folie ou d'épilepsie. On constate certains signes de dégénérescence.

2° Les crimes qui lui sont reprochés ne présentent pas les caractères d'actes incohérents, délirants ou impulsifs.

3° En conséquence, Henri Vidal doit en être déclaré responsable avec une légère atténuation.

Pour ceux et celles qui souhaitent approfondir le cas de ce tueur en série méconnu, citons le remarquable ouvrage de Phillipe Artières et Dominique Kalifa, *Vidal, le tueur de femmes*, paru chez Perrin en 2001.

AUTOBIOGRAPHIE D'UN GARÇON QUI SE NOIE

Dennis Nilsen

Ce texte est un extrait de l'autobiographie de Dennis Nilsen, surnommé « L'étrangleur à la cravate ». Né le 23 novembre 1945, Nilsen est un ancien militaire, qui fut policier pendant un an. Homosexuel, il tue quinze hommes entre 1978 et 1983. Il est découvert à cause de problèmes de plomberie : des restes mutilés de ses victimes bouchent les toilettes de l'immeuble londonien où il loue son appartement. Cinq ans après sa condamnation à la réclusion criminelle à perpétuité, il commence en 1988-1989 l'écriture, à la prison d'Albany, de son autobiographie *Autobiography of a Drowning Boy* et en mai 1992 le premier tome d'un autre manuscrit qui s'intitule *Orientation in Me.* Dennis Nilsen se voit refuser la publication de ce manuscrit par les autorités britanniques. Il a depuis fait appel de cette décision auprès de la Cour européenne des droits de l'homme.

Voici l'avant-propos de Dennis Nilsen : « Cette courte étude n'est pas une autobiographie. C'est une compilation narrative de ce que je pense être les traits saillants de ma Sexualité. La seule tentative sérieuse d'interprétation de ma vie est l'ouvrage de Brian Masters *Rendez-vous mortels : L'affaire Dennis Nilsen* (*Killing for*

Company). Cependant mon récit *Autobiographie d'un garçon qui se noie* (écrit en 1988/1989) n'a pas été publié et il est même interdit de publication. En conséquence, il n'existe aucune version détaillée de mon existence et de mon "vrai Moi".

« Tout écrivain a droit à une interprétation d'un sujet, ce qui n'implique pas qu'il faille être d'accord avec ses conclusions. J'ai passé presque neuf ans dans un climat propice à une longue introspection, sans une quelconque aide positive d'un conseiller ou d'un thérapeute. Il me revient donc la tâche d'explorer les recoins les plus sombres de ma personnalité dans l'espoir que je puisse en comprendre les mécanismes afin de trouver des solutions à mes problèmes d'une manière non-destructrice. Lorsque l'on mesure le spectre de toute conduite humaine, personne n'est capable de découvrir des réponses définitives. Tout ce que nous pouvons espérer c'est de mieux comprendre l'humanité plutôt que de se résoudre à l'ignorance et aux préjugés.

« J'ajoute que ma sexualité aujourd'hui n'a plus aucun élément de violence dirigé contre d'autres personnes. Je n'ai plus été attiré sexuellement par quiconque depuis que j'ai quitté la prison de Wakefield en avril 1990.

« J'espère que ce récit permettra aux lecteurs de comprendre les "Orientations" de ma vie passée. Je n'ai pas cherché à cacher quoi que ce soit.

DES NILSEN, le 25 mai 1992 »

Attention : ce texte qui aborde les fantasmes nécrophiles du serial killer contient des descriptions dérangeantes et malsaines.

« Mon univers a été pour sa plus grande part dominé par des femmes, mère, grand-mère, tante. J'ai un vague souvenir de mon grand-père Andrew Whyte qui était souvent absent à cause de son métier de pêcheur en mer. Je me souviens d'un homme grand, silencieux, qui dégageait une forte impression de puissance et qui s'intéressait à moi. Il m'emmenait pour de longues balades sur les dunes de sable et les parcours du golf local. Il semble qu'il n'avait pas du tout le même intérêt pour mon demi-frère plus âgé ou ma jeune sœur. Sur les dunes les plus proches de la baie qui surplombent la mer, il y a un bunker qui fait partie de ces constructions édifiées lors de la Seconde Guerre mondiale afin de protéger les côtes britanniques contre une invasion navale des Nazis. Il me guidait jusque dans l'obscurité de cet abri bétonné où il baissait mon short pour me tenir le pénis afin que je puisse uriner. J'avais environ quatre ans et demi.

« Épuisé par la longue promenade, je tombais de sommeil à chaque fois, et mon grand-père me portait dans ses bras jusqu'à la maison. Ma mémoire évoque avec clarté sa force et ce sentiment de confort et de toute-puissance qu'il dégageait. Ce furent mes seuls instants d'un authentique contact physique avec quelqu'un qui s'intéressait à moi de manière positive. C'était peut-être un pédophile "soft" mais je n'ai gardé aucun souvenir d'un geste déplacé ou d'une quelconque oppression, à moins que des souvenirs traumatiques ne soient enfouis au fin fond de mon subconscient.

« Ces journées passées en sa compagnie furent de courte durée car il est mort en mer d'une crise cardiaque à l'âge de 62 ans, en octobre 1951. Ce fut mon premier contact avec la "Mort" et ses mystères. Je me souviens de ma mère qui me guide par la main jusqu'à la chambre où il repose dans son cercueil à la vue de tous. Il paraît endormi avec ses lunettes à la John Lennon et il est revêtu de blanc de manière étrange avec les pieds nus. La peau de son visage est marquée à cause des rigueurs de la météo en mer, cela lui donne l'impression qu'il a besoin d'être rasé. Je ne sais comment réagir ou quoi penser.

« Après cette brève vision, on me remet au lit dans la pièce voisine. Mon demi-frère et ma jeune sœur ont eu droit au même spectacle. On l'a allongé dans la chambre où je suis né, où je dors et où je vis. Il disparaît ensuite de mon existence et il me laisse des souvenirs à jamais gravés en moi. Il est "au ciel", me dit-on, mais j'ignore où cet endroit se situe. Il est pourtant enfermé dans une boîte et enterré six pieds sous terre. Si ceci – la mort – peut emporter un homme aussi grand et puissant, je crains que cela puisse m'arriver aussi. Je suis choqué par l'idée de la mort. Les adultes m'ont dit qu'il est "parti vers un monde meilleur", et cela m'horrifie d'imaginer que le fait d'être enfermé dans un cercueil, enfoui sous terre, est une bonne chose.

« Ce jour, tandis qu'il repose dans sa boîte, je suis perplexe car il m'ignore et paraît m'avoir abandonné. J'espère juste qu'il passera me voir quand "il se sentira mieux".

« Je reste de plus en plus seul dans ma chambre. Je n'ai aucun ami proche. Dans cette pièce il y a un immense miroir où je passe mon temps à admirer mon reflet. Lorsque je le déplace, je peux me voir allongé sur le lit. Je me sens excité à la vue de mon corps en état de relaxation. Mon attention est attirée par mes cuisses moulées dans mon caleçon blanc. J'imagine quelqu'un (le point de vue du miroir) qui m'observe et qui sent le désir monter en lui à la vue de ma silhouette. En fait, je suis stimulé sexuellement par le regard que je porte sur mon propre corps. Me satisfaire ainsi est un non-sens pratique et visuel. Il faut qu'il y ait un partenaire. Du coup j'imagine que le reflet est une autre personne. Je repositionne le miroir afin de ne pas voir mon visage. Cela ne me convainc pas longtemps car la tête est partie intégrante de l'imagerie sexuelle. (Ce processus prend plusieurs mois à se développer et à se mettre en place.) J'imagine ensuite le rôle du dominant et que je suis le corps passif dans le miroir. La faille, c'est que j'ai juste l'air de faire semblant de dormir. Il faut que l'image du miroir ne me ressemble pas du tout et qu'elle soit réellement passive et sans espoir pour que l'homme imaginaire devienne vraiment l'élément dominateur. "Celui" qui domine mon corps n'a pas de visage, mais c'est toujours un vieillard aux cheveux gris sales. Il revêt beaucoup d'habits différents mais c'est toujours cet horrible vieillard lubrique avec de la bave à la commissure des lèvres. Grâce à la puissance de mon imagination et de mon désir, je parviens à rendre ces scénarios vraisemblables. Je ferme ma porte à clef et je déclare aux autres que je suis épuisé et que j'ai besoin d'une sieste. Je ferme les volets pour entrer dans ce monde imaginaire.

« Je ne peux pas vous dépeindre tous mes fantasmes, aussi je vais en évoquer un qui a sûrement trouvé son origine dans le décès de mon collègue le caporal des Lanciers Smith. Je retire d'abord les draps du lit pour poser le matelas sur le plancher. Je porte mon boxer khaki, des bottes pour le désert et une chemise du bush. Je parsème de la poudre de talc sur mes cheveux, visage, mains, jambes et vêtements afin de donner l'impression de poussière et de sable. Le miroir est en place et la chambre est plongée dans un clair-obscur. Je m'allonge sur le matelas afin que le scénario se mette doucement en place.

« La nuit tombe sur cette partie sauvage et isolée du désert. Un tank allemand repose sur le flanc, détruit au combat et abandonné. Un vieil Arabe s'approche à califourchon sur un âne. Il prend une petite pelle et se met à creuser. C'est une tombe et il hoche la tête avec satisfaction lorsqu'il touche quelque chose au fond. Il s'accroupit et retire le sable avec ses mains pour mettre au jour une paire de bottes. Il agrippe le cadavre par les chevilles pour le faire émerger du trou. Il le tire et les bras du mort sont allongés au-dessus de la tête. Il laisse retomber les jambes. Il marmonne en permanence. C'est un jeune soldat allemand. Il donne l'impression d'être décédé il y a quelques heures à peine. Le militaire est revêtu d'un short, d'une veste et de bottes. Ses yeux bleus sont en partie ouverts et un filet de sang coule de son nez et de sa bouche. L'Arabe fouille ses poches sans rien trouver. Il prend une tente non loin de là et pose des draps pour confectionner un lit exotique. Il retourne auprès du mort pour s'accroupir à ses côtés. Il le soulève un peu pour l'admirer quelques instants, son visage pâle et ses bras qui pendent. Il en profite pour lui tâter les cuisses et le tire jusqu'à la tente pour allonger le cadavre sur un drap. Il positionne les jambes afin qu'elles soient serrées l'une contre l'autre. Il s'assoit, boit une gorgée d'eau, allume une pipe et regarde le garçon mort. Avec une bassine d'eau il retire toute trace de sang et de sable du visage de l'Allemand. Ceci fait, il déboutonne la tunique pour dénuder la poitrine et les épaules qu'il lave aussi en douceur. Il change de place pour retirer les bottes et les chaussettes. L'homme grogne de plaisir avant de retourner le cadavre sur le ventre. De ses mains qui tremblent il glisse quelques doigts sous la ceinture et défait avec délicatesse le short jusqu'à révéler la nudité du mort. Ce dernier repose comme offert à l'examen du vieillard. À nouveau, il utilise un chiffon humide pour laver les fesses et la raie qui les sépare. Il descend jusqu'aux cuisses et à la plante des pieds. Ceci fait, il retourne le cadavre sur le dos.

« Les yeux du vieil homme s'écarquillent à la vue du membre flasque du décédé qu'il nettoie à son tour avant de jouer avec. Il n'a jamais vu un pénis non circoncis auparavant. De ses mains il caresse le ventre jusqu'à atteindre le nombril. S'il avait été vivant, le soldat aurait été outragé par les gestes de ce vieux paysan lubrique vis-à-vis de la magnificence de son corps. Un parfait spécimen de la "Race des Seigneurs", une sculpture néo-classique de perfection aryenne. L'homme se redresse et défait sa tunique. Sa silhouette fragile se découpe sur la tente à la lueur de la lampe torche. Son aspect décharné contraste avec la virilité de son membre dressé qui pointe telle une baïonnette. Il redresse le corps pour le retourner afin que les fesses s'empalent sur son sexe turgescent. Avec une force surhumaine il utilise le corps du jeune homme comme un piston dans un mouvement de va-et-vient. Le mort bouge telle une poupée inerte aux bras ballants, au rythme de son profanateur. Le vieillard accélère jusqu'à ce que son visage et ses yeux s'injectent de sang. Avec un cri de plaisir intense, il jouit comme il ne l'a jamais fait. Il repousse le corps qui roule sur le drap. L'homme boit et reprend son souffle. Il voit sa semence couler goutte à goutte sur le tapis persan de ce parfait garçon blond aux fesses dénudées.

« Je relate ce fantasme dans le moindre de ses aspects pour en illustrer les éléments physiques et mentaux. Il est évident qu'au moment où le "vieil homme" jouit, j'éjacule moi aussi (en tant que cadavre/garçon) dans ma position semi-fétale au sein du berceau formé par ses bras. Je suis l'homme qui agit mentalement sur mon propre corps qui, lui, est imaginé comme étant le garçon. Au moment de la jouissance, ils deviennent "un". D'autres variations me permettent de jouer sur le même thème. Il est important de noter que le vieillard n'a pas initié d'acte violent – comme j'ai pu le faire à l'âge adulte sur mes victimes – mais qu'il est le bénéficiaire conscient de circonstances violentes (la guerre). Ce fantasme se clôt avec l'homme qui enveloppe le cadavre dans un drap blanc pour l'emmener à dos d'âne à travers de sombres allées de l'ancienne cité pour trouver un riche acheteur à qui vendre le corps du garçon. Il est possible d'imaginer une suite à ce fantasme. Il est impératif que le cadavre ne soit pas en état de décomposition. Il doit être "pur" et tout à fait inerte pour ne pas réagir aux actes du vieillard. Cependant, il (le garçon) est tout à fait conscient du pouvoir d'attraction extrême qui s'exerce à son égard. Dans les faits, j'interprète trois rôles, le garçon, le vieil homme, et celui qui observe les deux personnages "en action". Mon existence assume la totalité du "un". Après cet épisode, je remets la chambre et moi-même en ordre pour un retour à la "normale" et je me rafraîchis pour émerger dans le monde réel comme si j'avais dormi tout l'après-midi. »

LE MASSACRE DE JULLY

Jacquiart et Vienny

Deux jeunes vachers, Joseph Jacquiart et Joseph Vienny, âgés de 16 et 14 ans, sont employés à la ferme de Jully dans l'Yonne. L'imagination remplie de romans d'aventures, ils forment le projet d'aller en Afrique chasser les grands fauves en compagnie de quelques copains. Leurs économies ne leur permettant pas d'envisager un tel voyage, ils décident d'assassiner leurs patrons, les époux Verrières, ainsi que les domestiques de la ferme pour se procurer les fonds nécessaires. Par chance, les enfants du couple échappent à la mort. La cour d'assises de l'Yonne condamne ces deux meurtriers « romanesques », Jacquiart à la peine de mort et Vienny à vingt ans de détention au bagne. En raison de son jeune âge, Jacquiart voit sa peine commuée en celle de travaux forcés à perpétuité.

La ferme de Jully est une vieille bâtisse, munie d'un chemin de ronde, décor sauvage et un peu mystérieux dans lequel va se dérouler un véritable drame. En 1909, elle compte parmi ses habitants deux jeunes vachers d'origine suisse : Joseph Jacquiart, né le 10 mai 1893, et Joseph Vienny, né le 25 mars 1895. Tous deux sont de fervents lecteurs de romans d'aventures. Depuis l'âge de 8 ans, Jacquiart passe tous ses loisirs à dévorer les feuilletons à quatre sous qui narrent les récits de guerre et surtout de chasse. Animé d'une authentique passion, il se délecte des mémoires de Nick Carter et de Buffalo Bill.

Ces récits n'occasionnent tout d'abord que des fugues. Jacquiart s'échappe par deux fois des endroits où il est placé. Mais avec le temps ses projets s'étoffent et quelques camarades se laissent prendre à son jeu : il décide d'aller en Afrique tuer des grands fauves et vivre l'existence libre et heureuse des chasseurs de fourrures.

Intelligent, doué d'une assez bonne instruction et orgueilleux à l'image de bon nombre de criminels, Jacquiart écrit des mémoires où il nous narre son arrivée en France et toute son odyssée. Il retrace ainsi la mort de son père, le 17 février 1905, et sa naissance :

« Un grand nombre de journaux de la Suisse romande et allemande, et d'autres parties du globe, publièrent une biographie du défunt. MOI, Joseph Jacquiart, je naquis le 10 mai 1893, à Comons, vers les neuf heures du matin.

« J'ai commencé l'école le 12 mai 1900 par un temps splendide et je l'ai quittée le 18 mars 1906 par un temps clair et ensoleillé. »

Tous les événements principaux de la vie de Jacquiart se déroulent sous un ciel bleu. Est-ce donc exact ? lui demande un interlocuteur frappé de cette bienveillante température.

— Non, répond Jacquiart, mais cela fait si bien dans le récit.

Et le voici qui quitte la Suisse :

« Le 20 août 1906, par un temps splendide, nous filâmes. Notre but était d'atteindre la France. Ce jour-là, ce fut une étape pénible, car mes souliers m'enserraient les pieds et je les avais en vive chair. La nuit du 21 au 22, nous la passâmes dans un tas de regain [foin] au-dessus d'Yverdon. »

Pourtant certains passages des mémoires sont marqués d'une note plus personnelle, tel le portrait consacré à sa mère :

« Ma mère était fort instruite, de taille moyenne, yeux brun clair, cheveux noirs, bouche bien faite, doigts fins et grands. Elle avait la physionomie d'une personne pleine de noblesse, d'intelligence, d'instruction, de politesse, d'affabilité, de religion et de sentiments élevés. Son parler était pur et correct et sa parole facile. Son nez droit, ses yeux bien fendus dénotaient une haute intelligence. Enfin ma pauvre mère était la personne la plus franche et la plus joviale qu'on puisse trouver. (...) Je ne puis faire assez d'éloges sur sa belle vie et j'espère revoir cette âme si chère au ciel. »

Joseph Jacquiart vient de quitter son pays d'origine. Il est employé à la ferme de Jully où son ami Joseph Vienny vient le rejoindre. Ils s'entretiennent de leurs fameux projets et l'expédition d'Afrique est le thème majeur de leur correspondance. Pour réaliser des économies, ils s'imposent beaucoup de privations.

« Quand je pense, écrit Jacquiart, comme j'ai économisé étant à Fulvy et à Jully pour l'expédition ! Je ne mettais de bas ni de chaussettes et je n'avais que mes galoches. Bien que parfois elles me blessassent. Je mettais une camisole pour ne point user de chemise et je n'en mettais que pour aller aux repas ou coucher. Enfin, je faisais tout ce que je pouvais pour ne rien dépenser. »

Mais ces économies sont insuffisantes pour mettre de côté les 1360 fr. 25, somme nécessaire pour l'expédition qui leur tient de plus en plus à cœur.

« Avec cette somme nous pouvons amplement faire, écrit Jacquiart à Vienny. Moi je ferai cinq cents francs passés, Albert six cents et toi, si tu viens ici, quatre cents. Eh bien ! rien que ça fait quinze cents francs. Nous n'abandonnerons jamais notre projet, *nous les vengeurs des faibles et des opprimés.* »

Et sous la signature se remarque une équerre, un compas et deux os en croix sous une tête de mort.

Il est curieux de constater comment les jeunes domestiques organisent leur départ. Ils font venir des catalogues d'armes et d'équipements, et sur de petits carnets notent avec soin ce qui leur est nécessaire. Il y a dans ces diverses rubriques un mélange de sérieux et d'enfantillage qui nous aide à mieux démêler leur état d'esprit. Commençons d'abord par la « Bibliothèque ». Quels sont, parmi les livres favoris, ceux choisis pour être emportés en voyage ? Voici la liste dressée par Jacquiart :

« *Morgan le Pirate ; Le Chef indien ; Les Vierges de la forêt ; La Captive des Mowhaks ; Gil Blas de Santillanne ; Le Corsaire rouge ; Aladin ou la Lampe merveilleuse ; La Chair qui aime et celle qui tue ; La Guillotine ; Les Vacances au désert ; Les Amours d'un gorille ; La Hache d'abordage ; Le Prix du bandit Morea.*

Collection Buffalo Bill (numéros que j'ai de 1 à 45 et de 52 à 58), etc.

Outillage

Une bêche, une hache, une boîte à outils, deux boussoles, une pharmacie, une trousse Michel Legros, deux tubes de provisions, une lanterne à huile, deux poulies.

Équipement

Trois complets de toile, un casque, une pharmacie coloniale en chêne ;

Une bâche abri à trente francs (pourrait nous servir d'abri et au besoin de voile), deux mousquetons Winchester, une carabine Lebel, mille cartouches.

Cuisine

Une malle popote pour quatre personnes, un four rôtissoire, deux seaux en toile, un filtre, un support pliant.

Vivres et médicaments

Quinquina, chloroforme, ouate, poudre à gratter et à éternuer, choucroute, sucre, eau phéniquée, opium, poudre de riz, arsenic, seringue, pierre infernale. »

Le chapitre de la « bureaucratie » est encore plus curieux. Il leur faut :

« Cinq litres d'encre, dix plumes, dix crayons, cinquante becs de plume, trente morceaux de craie de différentes couleurs, quarante cahiers à écrire, des lettres en tôle, un calendrier et cinq morceaux de cire d'Espagne. »

Tous ces articles sont soigneusement discutés et adoptés après maintes conférences.

Et voyons à présent le langage des membres de l'Association africaine, voyons leur état d'esprit qui éclate dans cette singulière correspondance. En voici quelques extraits :

Eugène Jacquiart à Joseph Jacquiart.
« Le 5 octobre 1909.
« Enfin bref, n'oublie pas trop tes devoirs religieux, car les vieux caciques pourraient bien t'envoyer faire paître les oies dans le territoire des chasses éternelles. »

Joseph Jacquiart à Joseph Vienny.
« 29 mars 1909.
« Reçois, confrère de l'Ours Gris, les salutations empressées de ton frère du Far-West.
« Le ministre des colonies,
« Joseph. »

Joseph Vienny à Joseph Jacquiart.
« Chers confrères,
« J'ai des places par ici mais je veux aller chez vous, là où est Albert. À bientôt, chers amis, chers amis de la bande tachetée. »

Joseph Jacquiart à Joseph Vienny.
« 11 avril.
« Adios Homigli terribili. »

On constate à quel point ces lectures mal interprétées ont pu enflammer les esprits de ces adolescents influençables. Voilà pourquoi les habitants de la ferme, attirés un par un sous des prétextes divers, sont massacrés de façon féroce. Ce ne sont plus Jacquiart et Vienny qui agissent mais deux guerriers sauvages, deux chefs de brigands, deux pirates de la savane, deux sauvages sur le chemin de la guerre ou deux Peaux-Rouges qui brandissent le tomahawk. Voici comment *Le Petit Journal* relate leur forfait dans un article paru le 26 décembre 1909 :

« UN CRIME MONSTRUEUX COMMIS PAR DEUX ENFANTS

« Cinq personnes tuées, une sixième blessée... Une série de meurtres atroces accomplis avec le plus horrible sang-froid... Et les auteurs de ces meurtres sont deux enfants : Joseph Jacquiard, 16 ans, et Joseph Vienny, 14 ans, employés comme vachers à la ferme de Jully, dans l'Yonne, à 30 kilomètres de Tonnerre. Jacquiart, avec un affreux cynisme, a fait, en ces termes, le récit de ce sextuple forfait.

"Comme nous l'avions décidé, nous sommes descendus à l'étable à six heures, et j'y postai Vienny. Je suis allé chercher le patron en lui disant qu'un taureau était malade. Le patron est venu avec un falot. Il s'est baissé pour regarder le taureau. J'avais mon revolver à la main. Je tire. Il tombe. Le falot s'éteint. Le patron ne bouge plus et voilà que la patronne arrive à son tour. Au moment où elle franchit la porte je tire sur elle trois coups de revolver. Elle tombe aussi. Alors nous sortons dans la cour. Nous nous dirigeons vers l'habitation. Nous entrons dans la cuisine où se trouvent Bonny, Imbert et Bousconni.

— Venez vite : une vache qui vient de s'échapper !

"Imbert et Bonny seuls nous suivent. Nous les entraînons hors de la ferme. Moi, je serre sous mon veston la hache que j'ai préparée. Nous marchons derrière eux. Nous faisons ainsi une vingtaine de mètres. Je pousse le coude à Vienny qui donne un croc-en-jambe à Imbert. Celui-ci tombe. Moi, je sors ma hache et j'en profite pour en asséner un coup énorme sur la tête de Bonny qui s'affaisse, le crâne fendu, et rapidement je passe ma hache à Vienny. Il se précipite sur lmbert qu'il frappe à son tour. Ni Imbert, ni Bonny ne bougent plus.

— Ils sont morts, me dit Vienny.

“Alors nous reprenons le chemin de la ferme où nous rentrons. Comme nous remontons le chemin de l’habitation, nous rencontrons Bousconni qui vient au devant de nous et nous demande si la vache est retrouvée. Moi j’ai repris la hache des mains de Vienny et l’ai remise sous mon veston, mais au moment où nous allons sortir de la cour, j’abats l’arme sur la tête de Bousconni qui est tué sur le coup. Et en courant nous revenons près de la maison. Quand nous arrivons près de la citerne, nous apercevons la bonne, Marie Coguet, qui tire de l’eau. Vienny s’approche derrière elle, à pas de loup, et lui tire un coup de revolver dans la nuque. Elle tombe. Je prends mon couteau, me précipite sur elle et d’un seul coup lui coupe la gorge. Après quoi, à nous deux, nous la précipitons dans la citerne. Mais à ce moment, nous eûmes peur de ce que nous venions de faire et nous nous sauvâmes...”

« Ainsi, le fermier et la fermière abattus à coups de revolver, deux domestiques, Bonny et Bousconni, tués à coups de hache, la bonne égorgée et jetée dans le puit, voilà cinq meurtres accomplis en quelques minutes par deux enfants !.... Une seule de leurs victimes survécut, le jeune Imbert, domestique comme eux, qui eut la présence d’esprit de faire le mort après avoir reçu un premier coup de hache... et c’est cet enfant qui donna l’éveil et courut chercher des secours.

« Pendant ce temps, les deux assassins s’enfuyaient. Ils errèrent toute la nuit. Le lendemain, ils se trouvaient à Saint-Vinemer lorsqu’un chasseur du pays, M. Lechtaner, les reconnut au signalement qu’on avait donné d’eux. À sa vue, ils firent mine de se sauver dans le bois proche. Mais M. Lechtaner les mit en joue :

— Halte là ! ou je tire...

« Les deux jeunes criminels se sentirent perdus. Ils se rendirent. Quelques instants plus tard, grâce à la présence d'esprit du chasseur de Saint-Vinemer, ils étaient arrêtés et conduits d'abord à la maison du village d'où ils furent transportés à la prison de Tonnerre. »

Joseph Jacquiart prend, bien trop tard, conscience de la portée de ses actes lorsqu'il écrit à son frère ce courrier daté du 18 décembre 1909, alors qu'il est sous les verrous à la prison de Tonnerre :

« Cher frère,

« Tu as dû apprendre par les journaux le drame terrible qui s'est déroulé au château de Jully.

« Et quelle est la chose qui m'a précipité : c'est la lecture des romans d'aventures et le manque de réflexion, car nous avons agi en gamins.

« Vienny et moi nous nous excitions l'un l'autre. Je me voyais déjà en train de réaliser mes rêves en Afrique. »

Raymond Hesse, dans *Les Criminels peints par eux-mêmes*, conclut ainsi son analyse de la tuerie de Jully : « Le voilà bien le mécanisme du crime commis à deux, la surenchère réciproque comme dans l'affaire Mürchembled. Chaque criminel sert à l'autre de galerie devant laquelle il parade et il crâne. Moi je prendrai un bâton – Moi un couteau – Moi une hache – J'étourdirai d'un coup de matraque – Je blesserai avec une bêche – Je tuerai avec un revolver. Et le mauvais orgueil aidant, la présence du camarade oblige à l'acte criminel et arme la main meurtrière.

« Il suffit d'examiner les portraits des deux jeunes assassins et notamment celui de Jacquiart pour voir qu'évidemment nous avions devant nous des anormaux. Jacquiart a le regard étrange, les bras démesurément longs, une hérédité lourdement chargée.

« Faut-il incriminer seulement la mauvaise littérature sans tenir compte de la personnalité des criminels ? poursuit Raymond Hesse. En aucune façon. Modifiant un peu la phrase d'un célèbre criminologiste nous pouvons dire que dans la tuerie de Jully : la littérature a été le bouillon de culture où les deux microbes criminels ont trouvé à se développer d'une manière conforme à leurs instincts. »

Ce que les psychologues et criminologues qualifient autrefois de « folie à deux » et que l'on retrouve dans des affaires criminelles telles que « Les tueurs de la lune de miel », Ian Brady et Myra Hindley, Paul Bernardo et Karla Homolka les « Ken et Barbie du crime », Fred et Rosemary West ou encore Michel Fourniret et Monique Olivier.

Laissons le dernier mot à Joseph Jacquiart :

« La journée, je ne pense pas du tout à mes crimes, car je lis ou je dessine, mais la nuit cela me vient souvent à l'esprit et je fais de bien vilains rêves. Parfois, je pense aussi au bonheur que j'avais avant de m'être laissé aller à cet acte car on est heureux lorsqu'on n'a rien à se reprocher. Ah oui, si j'avais songé un peu à tout ça, je n'aurais point commis cet acte.

« Je te dis adieu sans savoir si jamais je te reverrai.

« Ton frère qui t'aime :

Joseph Jacquiart. »

Envoyé au bagne, Joseph Jacquiart décède aux îles du Salut le 3 septembre 1917 à l'âge de 24 ans. Son complice Joseph Vienny meurt à la colonie pénitentiaire des Eysses dans le Lot-et-Garonne le 11 mai 1915. Il est âgé de 20 ans.

LE JOUR DU CHÂTIMENT

Elliot Rodger

Elliot Oliver Robertson Rodger est né à Londres le 24 juillet 1991. Ses parents s'installent à Los Angeles lorsqu'il est âgé de 5 ans. Son père, Peter Rodger, est le fils du cofondateur de l'agence photos Magnum. Il réalise *Oh My God* en 2009 et signe plusieurs scénarios, même s'il est surtout connu pour avoir tourné les séquences d'action et dirigé la seconde équipe de *The Hunger Games* en 2014. Sa première femme est Li Chin Tye, une documentariste malaisienne qui travaille aussi dans le cinéma et dont il divorce pour épouser une actrice marocaine, Soumaya Akaaboune. Elliot a un frère, Jazz, et une sœur tous deux plus jeunes que lui. Il est éduqué dans une école carmélite pour garçons avant de s'inscrire à la Taft High School de Woodland Hills. Il s'installe à Isla Vista le 4 juin 2011 pour suivre les cours du Santa Barbara City College (SBCC) jusqu'en février 2012.

Dès l'âge de 8 ans, ses parents lui font consulter plusieurs psychothérapeutes. Un psychiatre prescrit des médicaments antipsychotiques à Elliot qui refuse de les prendre. Il s'agit de traitements destinés à soigner la schizophrénie et les troubles bipolaires. D'après sa mère, Elliot aurait souffert du syndrome d'Asperger, mais aucun diagnostic médical fiable n'a jamais été établi. À l'école il devient le souffre-douleur de ses camarades de classe. À 18 ans, il se marginalise de plus en plus et coupe toute relation avec ses rares amis. En 2011, Elliot commence à faire preuve d'agressivité à l'encontre des femmes, certaines sont aspergées de café, d'autres de jus d'orange. Le 20 juin 2013, il cherche à se venger de jeunes filles qui se moquent de lui lors d'une soirée. Elliot les bouscule et tente de les faire tomber d'une terrasse, mais il finit par se faire tabasser. Il s'en sort avec une cheville brisée, ce qui l'oblige à porter un plâtre puis à se déplacer avec des béquilles pendant de nombreux mois. Dans son manifeste *My Twisted World : The Story of Elliot Rodger*, il affirme que c'est l'élément déclencheur qui le pousse à commettre le massacre d'Isla Vista le 23 mai 2014. Il achète deux poignards et trois armes à feu, un Glock 34 (achat du 4 décembre 2012) et deux SIG Sauer P226. Elliot Rodger assassine six personnes et en blesse quatorze autres avant de se suicider.

Quatre mois auparavant, le 15 janvier 2014, il porte plainte pour vol contre son colocataire Cheng Yuan Hong qui lui aurait volé des bougies. La police arrête Hong qui plaide coupable. Ce dernier sera poignardé à vingt-cinq reprises par Elliot le 23 mai de la même année. Le 30 avril, des membres des forces de l'ordre rendent visite à Rodger à la demande de ses parents, inquiets de son comportement et des vidéos très agressives qu'il a postées sur YouTube. Il les convainc qu'il s'agit d'un simple malentendu avec son père et sa mère alors qu'il détient déjà toutes ses armes de poing, dissimulées dans sa chambre. Peu de temps avant la tuerie, il envoie son manifeste à 34 personnes

Les Mémoires de Vacher.

Jacquiart et Vienny,
la tuerie de Jully.
Le Petit Parisien,
10 décembre 1909.

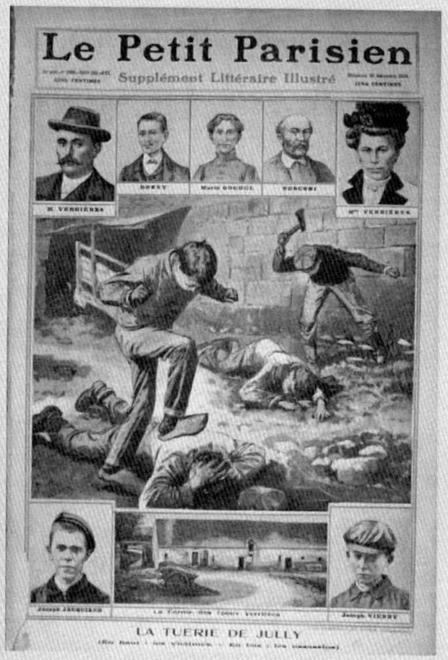

Jacquiart et Vienny.

H.H. Holmes tue
Howard Pitezel.

1.—The children now realized their predicament and began to beg piteously for mercy.
2.—Holmes arranged a rubber hose to the gas jet and put the end of the same through the hole into the trunk and turned on the gas.

H.H. Holmes tue
Alice et Nellie Pitezel.

Page de garde
du livre de Holmes.

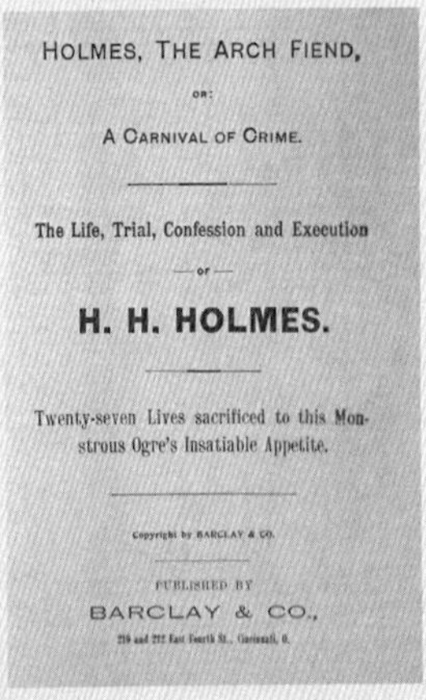

HOLMES, THE ARCH FIEND,

OR:

A CARNIVAL OF CRIME.

The Life, Trial, Confession and Execution

— OF —

H. H. HOLMES.

Twenty-seven Lives sacrificed to this Monstrous Ogre's Insatiable Appetite.

Copyright by BARCLAY & CO.

PUBLISHED BY

BARCLAY & CO.,

[illegible] East Fourth St., [illegible], O.

H.H. Holmes.

Laboratoire
de H.H. Holmes.

Vault and quicklime grave.

Trap door on the second floor.

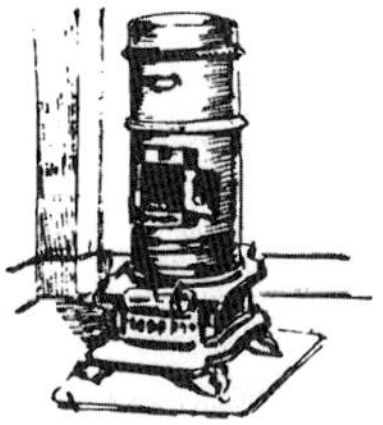

Castle stove that furnished clues.

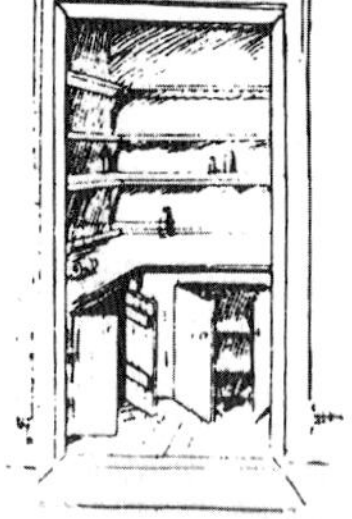

Holmes' private laboratory.

Joseph Letchtaler, le chasseur qui arrêta Jacquiart et Vienny.

Henri Vidal à la prison de Saint-Paul. Lyon, 1902.

Manuscrit d'Henri Vidal, *Mon premier voyage au Soudan.*

Les armes d'Henri Vidal.

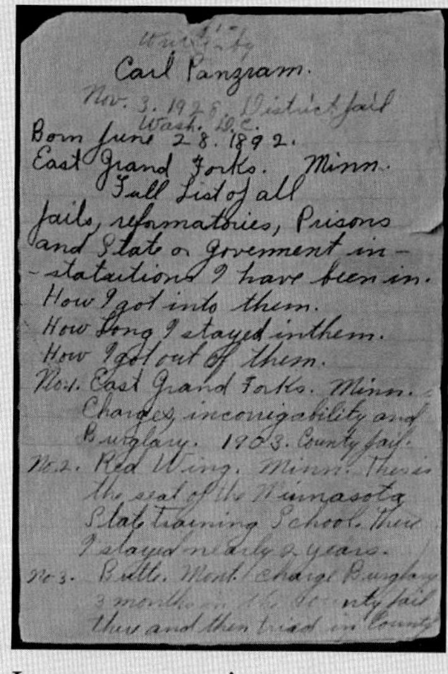
Carl Panzram.
Nov. 3. 1928. District Jail
Wash. D.C.
Born June 28. 1892.
East Grand Forks. Minn.
Full List of all
jails, reformatories, Prisons
and State or Govement in-
-statations I have been in.
How I got into them.
How long I stayed in them.
How I got out of them.
No. 1. East Grand Forks. Minn.
Charges incorrigability and
Burglary. 1903. County Jail.
No. 2. Red Wing. Minn. There is
the seat of the Minnasota
State Training School. There
I stayed nearly 2 years.
No. 3. Butte. Mont. Charge Burglary
3 months in the County jail
there and then tried in County

Lettre manuscrite
de Carl Panzram.

Carl Panzram.

La tête de
Fritz Haarmann.

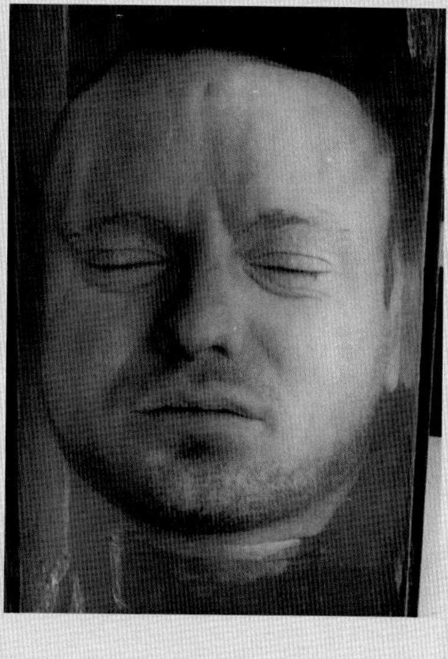

La chambre
de Fritz Haarmann.

Danny Rolling,
autoportrait.

Dessins
de Danny Rolling.

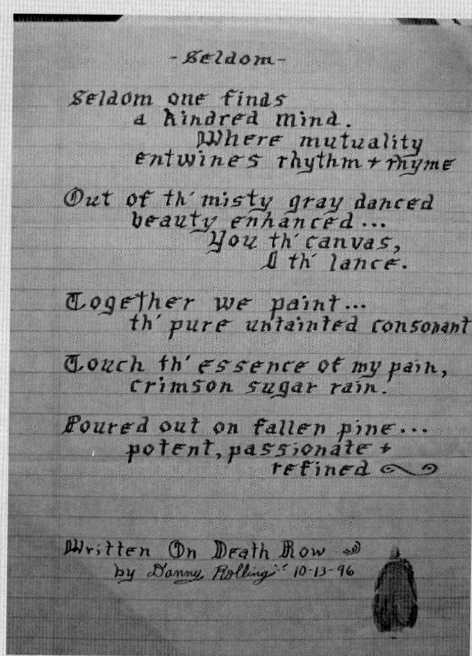

-Seldom-

Seldom one finds
a kindred mind.
Where mutuality
entwines rhythm + rhyme

Out of th' misty gray danced
beauty enhanced...
You th' canvas,
I th' lance.

Together we paint...
th' pure untainted consonant

Touch th' essence of my pain,
crimson sugar rain.

Poured out on fallen pine...
potent, passionate +
refined

Written On Death Row
by Danny Rolling 10-13-96

Lettre manuscrite de Danny Rolling.

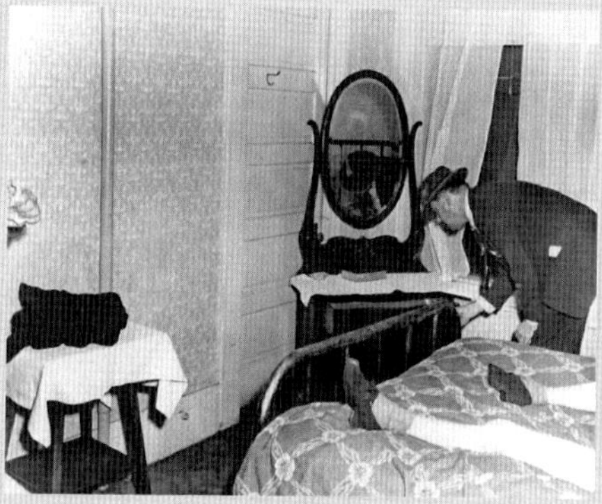

Cadavre de Lillian Johnson, tuée par Otto Wilson.

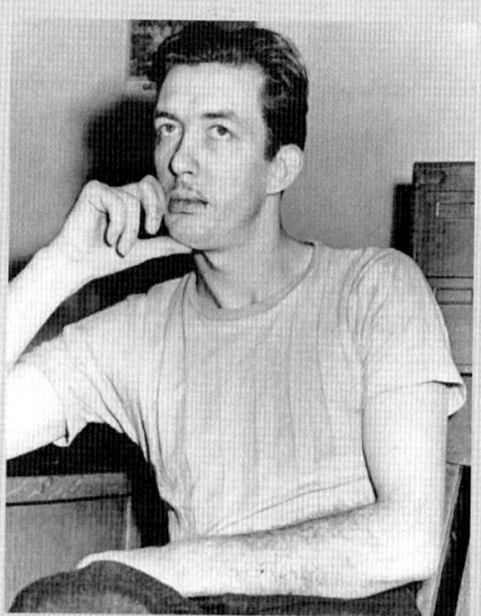

Otto Wilson.

William Bonin.

Doing time, couverture du livre de William Bonin.

Elliot Rodger.

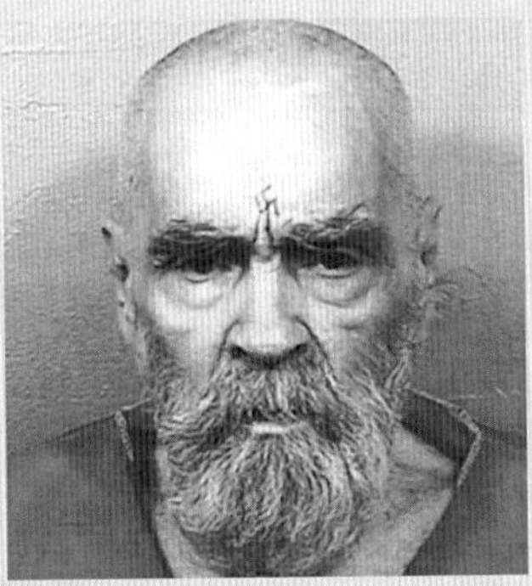

Charles Manson, août 2017.

et il poste sa vidéo « Elliot Rodger's Retribution » sur YouTube. Elle est d'ailleurs toujours visible à l'heure actuelle sur le site.

Voici une traduction de la partie la plus intéressante du manifeste qui démarre lorsqu'Elliot Rodger est âgé de 22 ans :

« **22 ans**

« L'expérience extrêmement injuste d'avoir été battu et humilié en public à Isla Vista, et, en conséquence, leur manque de préoccupation pour mon bien-être, sera vraiment mon ultime tentative d'intégration. Je leur ai donné une toute dernière chance de m'accepter, de me donner une raison de ne pas les haïr, et ils me l'ont balancée avec violence en pleine gueule. J'ai donné trop de chances au monde. Le temps du Châtiment est venu.

« Je suis entré en chirurgie début août. L'orthopédiste m'a conseillé de mettre en place une vis chirurgicale pour ma cheville cassée au lieu d'attendre qu'elle guérisse toute seule. J'ai décidé d'en passer par là, histoire de ne plus avoir à me servir de béquilles. Ma mère m'a conduit à l'hôpital tôt le matin, et je dois avouer que j'étais submergé par la peur. Je n'avais jamais connu une telle expérience. Ils m'ont anesthésié et je me suis réveillé avec une douleur fulgurante dans la jambe. Le médicament antalgique qu'ils m'ont injecté a calmé ma souffrance. Un nouveau plâtre a été mis en place. Je ne voulais même pas imaginer à quoi ça pouvait ressembler en dessous. Ils m'ont dit avoir installé une plaque en titane avec six vis. Je me suis reposé à l'hôpital pendant quelques heures, avant d'obtenir mon bon de sortie.

J'avais ordre de garder en permanence la jambe levée pendant une semaine.

« Peu de temps après, ma mère et ma sœur sont parties en vacances à Hawaï, un séjour prévu depuis longtemps. J'ai bien sûr refusé de les accompagner. Ma mère ne veut pas que je reste seul à la maison vu mon état. En cas d'urgence, il n'y a personne pour me prêter assistance. J'ai demandé à mon père si je pouvais rester chez lui, mais Soumaya a des parents en visite pour l'été. Du coup, elle a refusé parce que ce serait “trop de travail pour elle” malgré le vaste espace de cette demeure et ses six chambres. Père, bien sûr, a cédé aux caprices de Soumaya, comme il le fait toujours. Le respect que je lui porte est déjà si bas qu'il ne peut pas descendre encore plus.

« À cause de cette petite difficulté, ma mère me réserve une chambre d'hôtel au Extended Stay America à Woodland Hills. Je suis content, l'établissement est assez confortable, et elle me fournit beaucoup de nourriture pour la durée de mon séjour d'une semaine. Une sensation agréable pour me remettre des horribles expériences que j'ai endurées. La seule chose que je n'aime pas dans cet hôtel est qu'il est situé juste en face de la rue de mon collège, le Taft High School : à chaque fois que je regarde par la fenêtre je vois un endroit qui m'a causé une grande souffrance par le passé. Quand je repense aux brutalités subies à Taft, d'une certaine façon, mon expérience est finalement assez semblable à ce qui vient de m'arriver en cette fatale nuit à Isla Vista. J'y ai été harcelé par des voyous, et les filles ont adoré ces brutes au lieu de s'intéresser à moi. Vraiment, un scénario très similaire.

« Sauf que maintenant, je suis prêt et capable de lutter contre la cruauté des femmes. Quand j'étais un garçon faible et timide à la Taft High School, j'étais impuissant et effrayé, au point de me réfugier dans la vie solitaire d'un amateur de jeux vidéo. Toute cette souffrance, cette solitude, ce rejet et l'humiliation subie m'ont forgé une carapace. La haine qui bouillonne en moi depuis toutes ces années m'a doté d'une armure sombre et perverse. Je suis maintenant en possession d'armes au service d'une grande intelligence et d'une philosophie destinée à exprimer l'acte de vengeance le plus terrible que le monde puisse imaginer.

« J'ai passé toute la semaine dans cette chambre d'hôtel à ruminer sur les injustices de la vie et ma place dans l'univers. Il faut à présent que je concrétise le Jour du Châtiment. Il n'y a pas d'autre alternative. De retour à Isla Vista avec mes armes et ma haine brûlante, je compte cibler les gens qui vivent dans la maison où l'on m'a agressé. Mon plan consiste à détruire l'intégralité d'Isla Vista et d'y tuer chaque personne, ou du moins autant de jeunes plein de vie et populaires que je le pourrai avant l'arrivée de la police, pour ensuite me suicider.

« Je suis bouleversé à l'idée de passer à l'acte. Je vais bientôt mourir et c'est difficile à accepter. Je n'en ai aucune envie mais je n'ai pas le choix. La vengeance est l'unique voie, toutes les autres portes se sont refermées. J'estime que c'est une tragédie de devoir déclarer la guerre aux femmes et à toute l'humanité. Mais, encore une fois, mon rejet par les femmes est en soi une déclaration de guerre. Elles m'ont insulté en me jugeant indigne de leur amour et de leur sexualité. Elles me haïssent, et je leur renverrai cette haine multipliée par mille. Je vais infliger des souffrances à tous ceux qui vivent à Isla Vista, à l'image de ce qu'ils m'ont fait endurer. Par le passé, j'ai toujours été à leur merci, et on s'est toujours montré impitoyable à mon égard. Le Jour du Châtiment, c'est moi qui serai sans pitié. Mon Châtiment sera si dévastateur qu'il va ébranler les fondements même de l'univers.

« Ma jambe cassée va bien sûr me handicaper. Six semaines encore à me déplacer avec des béquilles. Je pense remarcher en octobre. Pas moyen d'être prêt avant novembre pour le Jour du Châtiment. Les délais sont trop courts. J'ai fixé la date ultime pour la fin du printemps 2014. Cela me donnera beaucoup de temps pour me préparer. Le Jour du Châtiment est à présent toute ma raison de vivre. Ma seule raison de vivre. Cet acte de vengeance mortelle envers ceux qui m'ont maltraité est mon unique but dans ce monde. J'ai besoin d'autant de temps que possible pour le planifier avec efficacité.

« Cet ajournement m'a aussi donné quelques mois de vie supplémentaires. Cela va peut-être me permettre de trouver une porte de sortie. Je m'accroche encore à cette infime lueur d'espoir.

« Gavin m'a rendu visite à l'hôtel, et c'est une compagnie bienvenue. Je m'y sens vraiment seul, mais c'est bien mieux que la solitude. Nous avons discuté pendant trois heures. Je lui explique ce qui m'est arrivé cette nuit-là à Isla Vista. Il ne semble pas surpris. Quand il avait mon âge, il venait assez souvent en ville. Il me répond que le genre d'atmosphère brutale et enfiévrée à laquelle je suis confrontée fait partie de la culture locale. Les plus grandes gueules sauvages de la fraternité obtiennent toutes les belles filles, et tout le monde cherche l'affrontement comme les animaux vicieux qu'ils sont. Il me dit que c'est une réalité que je dois accepter et il me conseille de quitter la ville. Je ne peux pas accepter cette situation car c'est injuste. Jamais je ne m'enfuirai pour déménager ailleurs. Je vais continuer à y vivre ou détruire complètement l'endroit. Je n'ai pas d'autre choix que de planifier mon Châtiment.

« Quand ma mère revient d'Hawaï, je m'installe chez elle pour un mois jusqu'à ce que ma jambe se régénère. Je ne peux pas retourner à Santa Barbara avec des béquilles, ce serait trop humiliant, un sentiment que je ne connais que trop bien.

« La première semaine après la chirurgie, ma jambe a souffert le martyre, mais cette douleur brûlante n'est rien comparée à la haine qui me brûle le cœur. Je peux à peine quitter le lit et je suis comme un légume. Après la première semaine, la douleur a diminué et j'ai pu me déplacer avec plus de facilité. J'ai souvent fait des allers-retours dans la cour de ma mère afin de ventiler ma colère, parfois en faisant tournoyer mes béquilles comme si elles étaient des épées destinées à pourfendre tous les ennemis qui m'ont méprisé.

« Le mois que j'ai passé dans la maison de ma mère est très relax, et je fais de mon mieux pour me calmer à mesure que le temps s'écoule. Je passe beaucoup de journées à regarder des films, lire des livres, réfléchir et me laisser aller à la contemplation. Je reste en permanence à la maison car je déteste sortir et être perçu comme un infirme. Je me sens déjà assez insécure d'être vierge et solitaire. Être vu comme un infirme rajoute trop de sel sur la plaie.

« Gavin vient à nouveau me rendre visite, et, cette fois, nous nous sommes assis dans la salle à manger pour avoir une conversation importante sur mon projet de vie. Il a encore tenté de me convaincre de quitter Isla Vista, mais j'ai refusé de l'entendre. J'ai emménagé à Isla Vista dans le but d'y perdre ma virginité et, si je suis incapable d'y parvenir, je vais détruire cette cité. Je rejette toute notion de défaite.

« Mes parents m'ont organisé une rencontre avec mon "Psychiatre", le docteur Charles Sophy. Je suis parti avec ma mère pour retrouver père devant son cabinet à Beverly Hills. J'ai été surpris de constater que Soumaya est aussi présente. Ma mère et Soumaya se sont disputées à mon sujet à cause du refus de cette dernière de m'héberger pendant ses vacances à Hawaï. D'ailleurs ça n'a pas loupé car plus de la moitié de ce rendez-vous est en fait consacré à régler ce conflit au lieu que l'on s'occupe de mes affaires. Lorsque nous sommes enfin arrivés au cœur du problème, le Dr Sophy m'a donné le même conseil inutile que tous les autres psychiatres, psychologues et conseillers par le passé. Je ne sais pas pourquoi mes parents perdent autant d'argent car cela n'a jamais été d'aucune utilité. Le médecin a fini par me prescrire un médicament controversé, le Risperidone. Après avoir fait des recherches, je me rends compte de sa nocivité. Je refuse d'en prendre, et je n'ai plus jamais revu le Dr Sophy.

« Vers la fin du mois, ma mère invite Maddy et Mo Humpreys à dîner. Mère a repris contact avec son ancienne amie Mo. Maddy vient d'être diplômée de l'USC, une université renommée pour le nombre d'étudiants gâtés et remuants qui font en permanence la fête, à l'image de l'UCSB. J'appelle l'USC « University of Spoiled Cunts » [Université des Chattes Gâtées], tout comme j'appelle UCSB « University of California's Spoiled Brats » [Université de Californie des Morveux Gâtés]. Des surnoms géniaux ! Avant l'arrivée de Maddy, je jette un œil à sa page Facebook et je constate qu'elle est l'incarnation parfaite de tout ce que je déteste chez les femmes. C'est une fille de l'USC, populaire et gâtée, qui fait tout le temps la fête avec sa clique d'amies, des chaudasses belles et blondes. Des salopes absolues, et ma haine croît encore plus à la vue de chacune des photos de son profil. Ce sont toutes de superbes personnes populaires qui connaissent une vie de plaisir et qui me regarderaient comme une sombre vermine inférieure. Ce sont mes *ennemies*. Elles représentent tout ce qui ne va pas avec ce monde. Maddy a été ma première amie en Amérique. Enfant, j'ai joué avec elle. Maintenant, elle est mon *ennemie*. Je me réjouis à l'idée de la torturer et de l'écorcher comme je le ferai pour chacune de ses amies gâtées, odieuses et malveillantes. Quand elle est venue dîner chez nous, je suis resté calme même si je suis venu en boitant avec mes béquilles pour la saluer.

« Ce mois de détente chez ma mère fut comme le calme avant la tempête. Quand je retournerai guéri à Santa Barbara, le dernier et sombre chapitre de ma vie commencera. Je redoute son dénouement.

« Après six semaines à boiter chaque fois que je dois aller quelque part, je revois mon orthopédiste. Après avoir examiné ma jambe, il accepte que je passe à un "plâtre de marche". Cela me permet de me déplacer en boitant sans béquilles, mais je dois utiliser une canne. Bien qu'inconfortable, c'est beaucoup mieux que d'avoir à se déplacer sur ces putains de béquilles. Quand je rentre à la maison, j'apprécie avec joie de me déplacer avec ce nouvel équipement.

« Peu de temps après, ma mère affirme que je suis assez rétabli pour retourner à Santa Barbara. Les classes de mon nouveau collège vont bientôt commencer, même si elle ignore que je suis seulement inscrit à des cours par correspondance pour le semestre à venir : je crains d'avoir à m'y rendre tout en étant infirme. Comme toujours elle se fatigue vite d'avoir à négocier avec moi. Je reste quelques jours de plus chez elle avec mon plâtre de marche et ma canne, avant qu'elle ne me fasse retourner à Santa Barbara. Elle m'assure que je peux revenir lui rendre visite dans deux semaines.

« Je fais mon sinistre retour à Santa Barbara, et pendant que je conduis je me remémore toutes les injustices auxquelles j'ai été confrontées ces deux dernières années. Des humiliations qui n'ont jamais été réglées. Il est temps de leur faire payer au centuple. Ce sera le moment du Châtiment.

« Quand je retourne à l'appartement, mes colocataires Chris et Jon ont déménagé. C'est dommage car ils ont été les compagnons les plus agréables que je puisse espérer. Je crains leurs successeurs qui vont s'installer d'ici quelques semaines. J'en profite pour prendre mes aises. Je reste dans ma chambre jusqu'à ce que je puisse retirer mon plâtre de marche. Je passe le temps à faire la même chose que chez ma mère. Je regarde des films en boucle, et je reste assis à contempler mon avenir.

« Je vois mon orthopédiste pour la dernière fois et il me dit que je peux finalement marcher sans plâtre, même si je vais encore avoir besoin de la canne pendant quelques semaines. Je suis ravi car la canne ne me pose pas de problème. Cela vous confère même une certaine élégance.

« Ce même week-end, je rencontre Philip et Addison. Nous avions prévu de nous voir cet été, mais j'ai dû reporter notre rendez-vous à cause de ma terrible blessure. Je les emmène dans la Mercedes SUV de mon père pour un trip à Los Angeles. Nous allons dans un délicieux restaurant japonais sur Sunset Boulevard. Je suis ravi de ne pas voir de jeunes couples de mon âge, la plupart d'entre eux sont plus vieux que nous. Ensuite, nous visitons l'observatoire du Griffith Park, sur la suggestion de Philip. Cela me rappelle des souvenirs, à la fois bons et mauvais. Nous avions l'habitude de le faire très souvent. L'endroit offre une vue parfaite sur L.A. La nuit, c'est magique. L'observatoire de Griffith Park est un endroit merveilleux pour admirer la beauté de ce monde, mais l'expérience est bien sûr gâchée par la vue de tant de jeunes couples qui s'y embrassent sous les étoiles. Ces garçons doivent être au paradis à vivre cette expérience avec leurs superbes amies.

« La vision de tous ces jeunes couples au Griffith Park me remplit de rage pour le reste de la nuit. Cela m'a rappelé les injustices auxquelles je dois faire face et ma guerre pour éradiquer tout ça. Quand je descends de la colline, j'aperçois de plus en plus de jeunes couples qui se promènent, et j'ai une envie folle de leur rouler dessus avec la Mercedes comme un doux acte de vengeance.

« J'ai déjà prévu d'utiliser le Mercedes SUV comme l'une de mes armes le Jour du Châtiment. Les nuits de week-ends, Isla Vista est toujours remplie de mes ennemis qui se baladent en plein milieu de la route. Des cibles faciles.

« Après l'expérience désastreuse de Griffith Park, nous nous décidons pour un voyage de fin de soirée jusqu'à Palos Verdes, juste pour admirer le paysage. Je n'ai jamais été là-bas, et Addison me dit que c'est un endroit paisible, tranquille, exquis même, qui offre une vue extraordinaire. Quand nous arrivons sur la plage, Philip s'est endormi. Je prends le temps d'apprécier, même si je boite toujours autant. Nous profitons de la nuit étoilée pour échanger des confidences avec Addison. Je lui parle de ma nouvelle vision des femmes et à quel point je considère qu'elles sont défectueuses d'un point de vue mental, ainsi que ce qui doit être fait pour les contenir. Il reste muet sur ce point. Addison me répond que je suis trop intelligent pour ne pas gaspiller ma vie en faisant quelque chose d'inconsidéré. Je crois qu'il soupçonne que je vais vraiment massacrer mes ennemis et me tuer ensuite. Bien sûr, il ne peut pas imaginer cela... D'une certaine manière je pense qu'il me connaît mieux que quiconque. Je me dois de reconnaître que je suis une personne intelligente, mais la cruauté de ce monde ne me donne aucun autre choix que d'appliquer mon Châtiment. J'explique avec tact à Addison que je n'ai aucune intention de "faire quelque chose de stupide". Ce fut mon ultime conversation avec lui. C'est aussi la dernière fois que je vois Philip et Addison.

« Je suis également allé rencontrer Dale Launer, l'ami de mon père, ce week-end. C'est un célèbre scénariste et producteur hollywoodien qui possède une superbe maison dans Pacific Palisades. Dale et mon père sont amis depuis de nombreuses années. Enfant, mon père m'a parfois emmené manger chez lui. Je ne l'ai pas vu depuis mon enfance, mais, ces derniers mois, j'ai commencé à échanger par emails avec lui après qu'il a découvert que j'avais des problèmes avec des filles. Il voulait m'aider à surmonter mes problèmes parce qu'il est un soi-disant « expert des femmes ». Il m'a même montré des photos de toutes les femmes magnifiques avec qui il est sorti dans sa vie, et il y en avait beaucoup. Un vrai séducteur.

« Quelques hommes qui ont du succès avec des femmes m'ont offert de l'aide et des conseils par le passé, mais sans aucun résultat concret en ce qui me concerne. Je suppose que cela stimule leurs égos surdimensionnés et aussi parce qu'ils sont désolés pour moi. Les gens peuvent être tristes à mon sujet. Ma vie est si pathétique et je déteste le monde entier de m'obliger à l'endurer. Je suis désespéré.

« En vérité, il n'y a rien que les hommes comme Dale puissent vraiment faire pour m'aider à attirer les filles et perdre ma virginité. Ils ne peuvent pas contrôler l'esprit des filles afin qu'elles soient attirées par moi. C'est de leur faute à elles toutes. Ma brève amitié avec Dale m'a toutefois permis d'avoir quelques conversations intéressantes où je me suis confié sur ces femmes que je pense être cruelles par nature. Pour lui, ce fut un amusement. Les femmes n'ont jamais été cruelles envers *lui.*

« J'ai eu une dispute avec Soumaya. Ça a débuté quand elle a commencé à se vanter que mon frère Jazz a signé un contrat pour jouer dans des publicités TV. Elle a dit qu'au moment où il aura mon âge, il sera un acteur à succès. J'ai parlé de la façon dont Jazz était déjà très à l'aise pour son âge et pourquoi je l'ai toujours envié pour cette raison. Elle m'a dit qu'il n'aurait jamais de problèmes avec les filles et perdrait vite sa virginité. J'ai dû écouter cette garce me dire que mon petit frère grandira en profitant d'une existence que j'ai toujours voulue. C'est très injuste et, maintenant, on me confirme que mon petit frère sera bientôt l'un d'eux. Il deviendra un gars populaire qui aura toutes les filles. Les filles l'aimeront. Il deviendra l'un de mes ennemis.

« C'est à ce moment-là que j'ai décidé qu'il me faudra le tuer lui aussi lors du Jour du Châtiment. Je ne permettrai pas à ce garçon de me surpasser en tout, de vivre la vie que j'ai toujours voulue. Ce n'est pas juste qu'il ait la chance d'avoir une existence agréable quand celle-ci m'est refusée. Ce sera une chose difficile à faire, parce que j'ai toujours été proche de mon petit frère, et qu'il m'a respecté. Mais je dois le faire. Si je ne peux pas mener une telle existence, alors lui non plus ! Je ne le laisserai pas faire honte à mon héritage.

« Pour tuer Jazz, il me faudra d'abord détruire Soumaya, mais cela sera facile. Il me suffit de penser à toutes les choses blessantes qu'elle m'a dites par le passé lorsque je plongerai mon couteau dans son cou. Mais que faire si père est présent pour m'en empêcher ? *Devrai-je aussi le tuer ?* Ce serait trop dur. Quand j'étais enfant, je me souviens de mes rêves sur la mort de mon père, je me réveillais en pleurant dans les bras de ma mère qui me réconfortait en me disant que c'était juste un rêve. Et maintenant ma vie allait me pousser à devenir le meurtrier de mon propre père ? J'en ai mal au ventre.

« J'en ai conclu que le Jour du Châtiment se déroulera à un moment où mon père est à l'étranger, lors d'un de ses voyages d'affaires. Il serait trop risqué d'essayer de le tuer. Je pourrais hésiter à la dernière seconde. Quand j'ai pensé à tout cela, je me suis vraiment senti malade. Un frisson m'a traversé. Mon univers est devenu pervers et faux. Cela n'a jamais été mon intention au départ. Je cherche désespérément une porte de sortie.

« Pour me réconforter, ma mère m'offre une meilleure voiture pour aller à Santa Barbara, une BMW 3 série Coupé. Un véhicule que je convoitais car je prends soin de mon look. J'avais demandé à mes parents d'avoir une voiture de classe supérieure. Maintenant, je suis au même niveau que les autres étudiants les plus populaires.

« Avoir une voiture plus luxueuse que la plupart des autres étudiants de mon âge me rend beaucoup plus confiant. Mère aurait dû m'acheter cette voiture quand j'ai déménagé pour la première fois à Santa Barbara. Avec ma "nouvelle" jambe, cela me donne une dernière lueur d'espoir pendant que les mois restants de 2013 s'égrennent.

« Pour ces derniers mois, mon extrême désespoir et mon désir de bonheur cohabitent, tout en sachant très bien comment ma vie va basculer si je n'obtiens pas ce que je veux. Je sors tous les jours pour me plonger dans le monde afin de voir quelles opportunités se présentent. J'explore l'intégralité de Santa Barbara et Montecito, et le bel environnement dans lequel je vis m'apparaît. Mais cet écrin est un sombre enfer si je dois le vivre en solitaire. Imaginer que j'ai gaspillé ces deux dernières années dans un si bel endroit me remplit d'angoisse. Je pense à quelle vie agréable j'aurais pu avoir, si seulement les filles s'étaient senties attirées par moi.

« Deux nouveaux camarades s'installent dans mon appartement. Deux étudiants asiatiques étrangers inscrits à l'UCSB. Les plus gros ploucs que j'aie jamais vus et ils sont tous deux très moches avec des voix ennuyeuses. Mes deux derniers colocataires, Chris et Jon, étaient eux aussi mal dégrossis, mais ils étaient au moins amicaux et agréables. Ces deux nouveaux sont repoussants et l'un d'entre eux a un comportement très agressif. Il fait tout son possible pour se disputer avec moi chaque fois que je soulève la question du bruit qu'il fait. C'est l'enfer. Je sais déjà que lorsque le Jour du Châtiment viendra, je vais tuer mes colocataires pour les écarter de ma route. S'ils avaient été agréables à vivre, j'aurais regretté de les détruire, mais là, je me réjouirai même de les poignarder pendant leur sommeil.

« On m'assigne un nouveau conseiller pour une rencontre hebdomadaire à Santa Barbara car Karlin et Sasha ne travaillent plus pour cette entreprise. Mon nouveau conseiller s'appelle Robert, un étudiant de l'UCSB d'un an plus âgé que moi. J'ai pris quelquefois un café avec lui et nous sommes allés faire du bénévolat à deux reprises, histoire de me sortir de ma chambre. Rien de bien excitant mais l'interaction sociale est plaisante et me donne un moyen de m'exprimer.

« Je rends souvent visite à ma mère cet automne. Ma sœur a maintenant un petit ami et elle a perdu sa virginité, ce qui me met en fureur. Elle est déjà "sortie" avec des garçons par le passé mais jamais de façon régulière comme elle le fait avec celui-ci. C'est un métis à moitié mexicain du nom de Samuel qui m'a dégoûté sur-le-champ. Le type même de l'odieux flemmard qui attire sexuellement la plupart des jeunes filles. Georgia l'invite tout le temps à la maison et cela me met en colère de le voir fouiner partout, ingurgiter la nourriture et les boissons. Il dévalise ma mère et elle ne s'en rend même pas compte.

« J'ai fini par le haïr après l'avoir entendu avoir des relations sexuelles avec ma sœur. Un jour, j'arrive à la maison pour être pollué par les sons de Samuel qui plonge son pénis dans le vagin de ma sœur qui gémit à travers la porte fermée. J'ai tout écouté. Donc ma sœur, qui est de quatre ans plus jeune que moi, a réussi à perdre sa virginité avant que je ne le fasse. Cela me rappelle combien je suis pathétique d'être encore vierge à l'âge de vingt-deux ans. Ma sœur m'a précisé qu'il a été avec d'autres filles avant elle, et je suis sûr qu'il a perdu sa virginité très jeune. C'est d'une telle injustice. Le flemmard n'a même pas de voiture et il est capable d'avoir des amies, alors que je conduis une BMW et les filles ne me prêtent aucune attention.

« Ma sœur m'a même montré une photo de l'une des ex-copines de Samuel, une jolie brunette caucasienne.

Ma haine envers lui s'est encore intensifiée. Je ne lui adresse plus la parole et je harcèle ma mère pour lui interdire l'accès à la maison mais elle refuse d'accéder à mes demandes. Pire encore, elle parle de lui avec admiration. Il me rappelle Leo Bubenheim, un odieux garçon qui a pu vivre une belle vie sexuelle dès son plus jeune âge. Un ennemi a maintenant infiltré la demeure de ma mère, mon seul refuge contre l'injustice. Les choses deviennent incontrôlables.

« Fin octobre, grand-mère Jinx est venue dans la maison du paternel. Lors de sa dernière visite, elle a résolu un violent conflit entre moi, mon père et Soumaya. D'une certaine manière, je revis une situation identique, sauf que le conflit avec Soumaya est moins extrême. Je suis allé chez père pour voir ma grand-mère. Elle m'a suggéré de la sortir pour boire un café et je sais où l'emmener, au « Barnes & Noble » de Calabasas Commons, un lieu que je connais à merveille. Pendant ce temps, je lui montre tous les endroits où j'ai passé du temps ces dernières années. Lorsque je la quitte un sentiment de tristesse m'envahit, car je sais que c'est probablement un adieu final.

« À Halloween, j'ai eu du mal à croire à quel point le temps est vite passé. L'an dernier, je me souviens avoir pensé accomplir mon Châtiment ce même jour. Tôt ou tard, mon Destin va s'accomplir. Je me rends bien sûr chez ma mère pour ce 31 octobre. Je ne peux pas supporter l'idée d'être seul dans ma chambre d'Isla Vista en ce jour de fête. C'est exactement le même scénario que l'année dernière. Dans l'après-midi, je rencontre un nouveau psychologue, le Dr Randy Gold. En vérité, il s'agit de mon ancien psychologue que j'ai vu une unique fois à l'âge de treize ans. C'est à cette époque que ma vie a commencé son sombre chemin de croix et, maintenant, ma situation a encore empiré. Après ma séance de thérapie, je me suis saoulé dans un bain chaud en essayant de ne pas penser à l'amusement et au sexe que d'autres jeunes allaient connaître cette nuit-là.

« Rien n'a abouti lors de mes sorties désespérées à Santa Barbara au cours des derniers mois de 2013. Les filles n'ont toujours montré aucun intérêt à mon sujet. J'ai beaucoup erré au volant de ma voiture. Pendant ce temps, je vois d'autres garçons qui ont des voitures minables avec des filles chaudes sur le siège avant. J'ai une BMW et jamais aucune nana. Pas une seule fois. Cela me met en rage. Santa Barbara est une si belle ville, mais je ne peux aller nulle part sans être insulté par mes ennemis. La simple vue de leurs vies heureuses est une insulte parce que JE *la mérite plus qu'eux.*

« Mon lieu de refuge est le Coffee Bean de Montecito. Il se situe dans un joli petit centre-ville et la plupart des couples y sont plus vieux que moi. C'est un refuge calme et paisible pour y ruminer mes pensées les plus sombres.

« À la veille de mon dernier jour à Santa Barbara, avant de rentrer pour les vacances d'hiver, je me rends sur le terrain de golf Sandpiper à Goleta pour regarder le coucher de soleil. Je baigne dans son éclat et je me demande avec désespoir comment un monde si beau peut se montrer si cruel. Et puis, comme une dernière insulte, un jeune couple fusionnel vient s'installer à mes côtés. Il y a beaucoup d'autres personnes car c'est un coucher de soleil unique. Tout le monde a dû admirer ces deux personnes et me mépriser car je suis seul et indésirable. Je mène une existence anormale, dépourvue d'amour, de sexe, et de plaisir. Observer les couchers de soleil est l'une des rares joies qui me restent, et maintenant cela aussi m'est retiré. Je n'ai plus aucune envie de vivre.

« Pendant la pause hivernale, ma mère et ma sœur sont parties en Angleterre fin décembre. Pendant ces deux semaines, je reste seul dans la maison. Elles décident d'emmener Samuel avec elles, ce qui a le don de me rendre fou de rage. Il est mon ennemi, quelqu'un qui jouit d'une vie heureuse dont je suis privé depuis des années. Et voilà que ma propre mère paye son billet, quelque chose qu'il ne mérite pas. Je me suis senti trahi. Elle aurait dû se montrer plus attentive à mon égard. Je suis son fils, après tout. Mais ma mère est une femme et ce sont toutes des malades mentales. Il n'y a aucun moyen qu'elle puisse comprendre mon point de vue.

« Pour Noël, je suis chez mon père. Je me sens très amer et honteux d'être cet indésirable marginal que j'ai toujours été. Certains me posent des questions sur ma vie à Santa Barbara et d'autres m'ont même demandé si j'ai une petite amie. J'aimerais pouvoir les rendre tous fiers de moi, mais bien sûr, c'est impossible. Mon seul réconfort est de savoir que je rectifierai bientôt le tir le Jour du Châtiment.

« En son absence, ma mère m'a autorisé à prendre une bouteille de vin dans sa cave et, pour le Nouvel An, je choisis d'ouvrir la meilleure du lot, un beau millésime que je savoure toute la nuit en solitaire. Je sais que d'autres jeunes s'éclatent ce soir-là, à faire la fête jusqu'au petit matin. En buvant mon vin, seul, dans l'obscurité du clair de lune du jardin de ma mère, je me fais la promesse que j'aurai bientôt ma revanche sur tous ces jeunes populaires. *Bientôt...*

« Après un sommeil agité, je quitte mon lit tôt le jour du Nouvel An de cette année 2014. Je sais que c'est ma dernière année. L'année où tout va finir. 2014 verra ma vengeance, mon châtiment ! Toute mon existence tragique m'a conduit vers cette destinée, et je suis prêt.

« J'ai été rejeté, insulté, humilié, marginalisé, brutalisé, affamé, torturé et ridiculisé depuis beaucoup trop longtemps. L'humanité est une espèce cruelle et brutale, et la seule chose que je puisse faire pour rétablir la balance est de leur rendre cette cruauté à la puissance mille. Mon rejet par les femmes est une déclaration de guerre, et si c'est ce qu'elles veulent, alors elles l'auront. Ce sera une bataille qui aboutira à leur annihilation complète et totale. J'assènerai un coup à mes ennemis qui sera si dévastateur qu'il redéfinira l'essence même de la nature humaine.

« Il est temps de définir exactement ce que je ferai le Jour du Châtiment. Je serai Dieu qui punira les femmes et toute l'humanité pour leur dépravation. Je leur rendrai enfin toute la douleur et la souffrance qu'elles m'ont infligées depuis si longtemps.

« La première chose que je dois définir est la date exacte où cela va se produire. La Saint-Valentin aurait été parfaite car ces congés me rendent encore plus misérable, des vacances où les jeunes couples célèbrent leur amour. Le problème est que la Saint-Valentin est trop proche, j'ai à peine un mois. Il me faut plus de temps que ça. En outre, pendant cette période, la plupart des jeunes couples sont répartis dans divers restaurants de la ville au lieu d'être rassemblés aux fêtes d'Isla Vista. Une autre option est Deltopia, un jour où de nombreux jeunes se réunissent pour faire la fête, le « Spring Break » dans la rue centrale Del Playa. Je pense que c'est le jour parfait pour attaquer Isla Vista, mais après avoir regardé sur YouTube les vidéos des précédentes fêtes à Deltopia, je constate qu'il y a beaucoup trop de flics qui circulent lors d'un tel événement. Il me serait impossible de tuer un grand nombre de mes ennemis avant d'être neutralisé par ces satanés flics.

« Je veux fixer une date précise, lors d'un week-end normal de fête d'Isla Vista et, une fois celle-ci choisie, je m'y tiendrai. Après beaucoup de réflexion, j'ai choisi la date du samedi 26 avril 2014 pour le Jour du Châtiment.

« Dans les premiers mois de 2014, qui sont les ultimes de mon existence, je tente de tirer profit de chaque journée dans ce qu'elle possède de meilleur. Il n'y a pas un seul jour où je suis resté dans ma chambre. Tous les matins, je prends ma BMW pour rouler au hasard autour de Santa Barbara et Montecito, et je ne reviens pas avant tard dans la nuit. Je pars en excursion dans les montagnes de Montecito et vagabonder sans but dans de beaux parcs, me promener sur la plage, siroter du café au lait ou contempler le coucher de soleil jusqu'à ce que les étoiles éclairent le ciel nocturne. À chaque fois il m'est impossible d'éviter la vision de jeunes couples. Cela me rend encore plus désireux que le Jour du Châtiment arrive au plus vite. Ma vie est un enfer et je veux y mettre un terme.

« J'ai assez d'argent de côté pour vivre confortablement sans me priver avant de mourir. Je n'ai pas tout dépensé car j'ai besoin de fournitures essentielles pour mes projets. D'abord l'achat d'une troisième arme à feu, au cas où l'une d'elles s'enrayerait. Il me faut deux pistolets qui fonctionnent en même temps car c'est ainsi que je prévois de me suicider : avec deux tirs simultanés à la tête. J'ai aussi besoin de faire l'emplette de chargeurs et de munitions, ainsi que des couteaux et des étuis de transport pour mon équipement.

« Pendant ces premiers mois de 2014, la petite pointe d'espoir en moi ne s'est jamais évanouie. À l'image de la petite flamme vacillante d'une bougie dans une pièce obscure. Je suppose que cette petite lueur m'a incité à assister aux deux cours du semestre de printemps auxquels je me suis inscrit à SBCC. Cela dure deux bonnes semaines avant que je ne réalise combien c'est futile. Il n'y a plus aucun espoir maintenant et je me dois de l'accepter.

« Après avoir fantasmé sur la manière dont je punirais mes ennemis, je commence à détailler un plan précis d'attaque de ce jour fatidique du Châtiment.

« La veille, je débuterai la Première Phase de ma vengeance : tuer sans bruit autant de personnes que possible autour d'Isla Vista en les attirant dans mon appartement par une ruse ou une autre. Les premières personnes que je dois détruire sont mes deux colocataires. Une fois seul, je vais attirer les gens dans mon appartement, les assommer avec un marteau avant de les égorger. J'en torturerai certains avant de les achever, les plus beaux notamment, qui ont eu les meilleures vies sexuelles. Je les punirai par une grande souffrance. J'ai vécu une existence de douleur et il est temps de remettre les pendules à l'heure. Couper leur chair, les écorcher, retirer toute cette peau pour y verser de l'eau bouillante, ainsi que toute autre forme de torture possible et imaginable. Quand ils seront morts, je les décapite et je garde leurs têtes dans un sac. Leur tête va jouer un rôle majeur lors de l'apothéose finale. Cette Première Phase incarne ma vengeance contre tous les hommes qui ont eu des vies sexuelles agréables. L'ordre des choses sera enfin rétabli.

« La Deuxième Phase se déroulera le Jour du Châtiment juste avant le massacre final. Elle représente ma Guerre contre les Femmes. Je les punirai toutes pour le crime de m'avoir privé de sexe. Elles m'ont affamé pour donner ce plaisir à d'autres hommes. Elles m'ont volé beaucoup d'années de ma vie. Je ne peux pas détruire toutes les femmes sur cette terre, mais je peux leur assener un coup dévastateur qui les secouera jusqu'au plus profond de leur nature maléfique. Je vais attaquer celles qui représentent tout ce que je déteste dans le genre féminin : la plus haute fraternité de l'UCSB. Après avoir fait beaucoup de recherches, j'ai découvert qu'il s'agit de l'Alpha Phi Sorority. Je connais leur adresse et je me suis souvent assis dans ma voiture pour les observer. Alpha Phi est plein de chaudasses, de magnifiques filles blondes ; le genre de filles que j'ai toujours désirées mais n'ai jamais pu avoir parce qu'elles me toisent toutes avec dédain. Elles sont gâtées, sans cœur, de méchantes garces. Elles pensent m'être supérieures. Je vais me glisser chez elles vers 21 heures le Jour du Châtiment, juste avant que la fête ne commence, pour les massacrer une à une avec mes pistolets et mes couteaux. Si j'ai le temps, je mettrai aussi le feu à leur fraternité. Ensuite, nous verrons bien qui est l'être supérieur !

« La Phase Finale du Jour du Châtiment sera mon ultime affrontement dans les rues d'Isla Vista. Le matin précédent, j'aurai tué mon petit frère afin qu'il ne puisse pas grandir pour me surpasser, ainsi que ma belle-mère Soumaya. Mon père sera absent lors d'un de ses voyages d'affaires. S'il n'est pas parti, il me faudra peut-être reporter tout mon plan en raison de mon hésitation à le tuer. Après m'être occupé de mon frère et de ma belle-mère, je prendrai le Mercedes SUV pour me rendre à Isla Vista. Je l'utiliserai comme une machine à tuer mes ennemis. Un SUV cause beaucoup plus de dégâts que mon coupé BMW.

« Après avoir tué toutes les filles de la fraternité, je vais vite me remettre au volant du SUV avant l'arrivée de la police. J'estime le délai à environ trois minutes. Je me dirigerai vers Del Playa pour y écrabouiller autant de mes ennemis que possible et tirer sur tout ce qui bouge. Je ne peux qu'imaginer à quel point il me sera doux de lancer le SUV au milieu de tous ces groupes de jeunes populaires que j'ai toujours vus marcher sur la route comme s'ils étaient meilleurs que tous les autres. Quand ils se tordront de douleur, leurs corps brisés après s'être fait rouler dessus, ils réaliseront enfin l'ampleur de leurs crimes.

« Une fois arrivé à Del Playa, je vais déverser le sac de têtes coupées pour leur montrer à tous combien je les ai fait souffrir. Tout le monde me craindra comme le dieu tout-puissant que je suis. J'entame ensuite le massacre sur les terrasses de bistrots où les gens s'amusent. Je cible spécifiquement les gens qui présentent bien et, bien sûr, tous les couples. Puis je continue à descendre Del Playa en semant partout la mort. Quand je verrai la première voiture de police venir à leur secours, je m'éloignerai aussi vite que possible, tout en tirant et en heurtant tous ceux qui se mettront en travers de mon chemin jusqu'à ce que je trouve un endroit approprié pour mettre un terme à mon existence.

« Pour en finir, je vais avaler au plus vite toutes les pilules de Xanax et de Vicodin qui me restent avec une quantité suffisante d'alcool fort. Tout de suite après, je me tire deux balles dans la tête avec mes deux armes. Si les coups de feu ne me tuent pas, le mélange mortel de médicaments s'en chargera. Je ne souffrirai pas d'être capturé et envoyé en prison.

« Je dois tout planifier avec soin. Rien ne doit être laissé au hasard. Cela doit être parfait. C'est maintenant mon seul but dans l'existence. Mes projets vont s'accomplir et je ne dois laisser personne m'arrêter.

« La semaine qui précède la date prévue pour le Jour du Châtiment, je vais télécharger plusieurs vidéos sur YouTube afin d'expliquer mon point de vue et mes sentiments sur ce monde, même si je n'ai pas l'intention de poster mon ultime vidéo quelques minutes avant l'attaque car j'y dirai exactement ce que je compte faire et pourquoi.

« J'ai intitulé une vidéo "Pourquoi les filles me détestent autant ?" où je pose à la population féminine la question que j'ai toujours souhaité lui poser depuis tant d'années. Pourquoi me haïssent-elles à un tel point ? Pourquoi ne m'ont-elles jamais considéré à ma juste valeur ? Pourquoi partagent-elle amour et sexe avec d'autres hommes et pas avec moi, même si je le mérite beaucoup plus ? Dans cette vidéo, je montre que je suis un gentleman parfait et magnifique digne de posséder une belle petite amie. C'est ma tentative pour raisonner avec le genre féminin, de leur demander pourquoi elles m'ont ainsi maltraité. J'espère avoir une ébauche de réponse. En fait, une petite partie de moi espère même qu'une fille voie la vidéo et me contacte pour me donner la chance d'un premier rendez-vous. Cela aurait été l'unique moyen d'empêcher le Jour du Châtiment. *Mais non*… Comme prévu, je n'ai eu absolument aucune réponse. Les seules que j'obtiens proviennent d'autres hommes qui m'insultent et se moquent de moi. Les femmes ne se soucient pas du tout de moi.

Elles ne daignent même pas me dire pourquoi elles m'ont maltraité. Cela démontre combien elles sont méchantes et même sadiques. Eh bien, elles vont se rendre compte de la gravité de leurs crimes lorsque je les abattrai toutes le Jour du Châtiment. Comment osent-elles rejeter un gentleman aussi magnifique que moi !

« Comme le 26 avril se rapproche à grands pas, je me prépare au mieux. Tout ce qu'il me reste à faire est d'écrire le mot fin de cette histoire et de filmer ma dernière vidéo. Le jeudi 24 avril, je me réveille avec un rhume sévère. Moi qui n'en attrape jamais ! Je possède un excellent système immunitaire. C'est comme si le destin souhaite m'empêcher de passer à l'acte. Mais je n'ai aucune autre raison de vivre ! Hélas, impossible de réaliser mes projets avec un tel rhume. Tout doit être parfait. Et j'ai découvert que père rentre à la maison deux jours plus tôt que prévu ! Le sort s'acharne contre moi.

« Je reporte le Jour du Châtiment au samedi 24 mai 2014. Mon rhume sera guéri d'ici là. Cela me donne aussi quelques semaines de répit et plus de temps pour me préparer. Quelques jours plus tôt, je me sentais prêt à agir avec haine et fureur à l'encontre des femmes et de l'humanité. J'étais profondément désireux de le faire ! Mais pour une raison inexplicable, le fait d'avoir quelques semaines de plus à vivre me soulage. Je respire profondément et me détends. Je suis partagé entre le désir d'accomplir à tout prix mon acte de vengeance et un sentiment extrême de peur. Une partie de moi ne veut toujours pas le faire. Cela implique mon décès et j'ai toujours eu peur de la mort.

« Je ne serai pas à Isla Vista le 26 avril, le jour où j'avais prévu de passer à l'action. Entendre tous mes ennemis faire la fête et avoir du bon temps est au-dessus de mes forces. J'ai tout de suite appelé ma mère pour lui demander si je pouvais rester chez elle tout ce week-end. J'ai exagéré ma maladie afin qu'elle m'y autorise. Une fois sur place, je vois le médecin pour me renseigner sur mon état de santé et je passe un paisible week-end.

« De retour à Santa Barbara, je me suis dit que *ça y était*. Le 24 mai 2014 est la date finale. Il n'y a plus de report possible, pas de retraite. Si je ne le fais pas, ma seule perspective est un avenir de solitude et de rejet, dépourvu de sexe, d'amour et de plaisir. Je dois passer à l'acte. C'est l'unique solution. Le 24 mai est le dernier week-end du semestre de printemps pendant lequel je peux accomplir ce plan avec une grande efficacité. Après cette date, le semestre de SBCC se termine et tous les étudiants retournent dans leur ville d'origine, ce qui signifie moins d'ennemis à tuer à Isla Vista. Bien sûr, UCSB serait toujours en session, mais je veux à la fois annihiler des étudiants d'UCSB et de SBCC. Le Jour du Châtiment est mon seul but dans ce monde, et je suis prêt.

« Une semaine après avoir téléchargé ces vidéos sur YouTube, j'entends frapper à la porte de mon appartement. Sept officiers de police demandent à me voir. Je suis submergé de terreur. J'ai eu peur que quelqu'un ait découvert mes projets. Si c'est le cas, la police va fouiller ma chambre et découvrir toutes mes armes, ainsi que mes écrits. Je m'imagine déjà en prison, frustré à tout jamais de cette revanche sur mes ennemis. L'horreur suprême. Heureusement, ce n'est pas le cas, mais ce n'est pas passé loin.

« Quelqu'un a vu mes vidéos et m'a signalé. La police déclare que c'est ma mère qui les a appelés mais elle me dit que c'est l'agence de santé. Ma mère a vu les vidéos et elle a été très perturbée. Je ne saurai jamais la vérité à ce sujet. Les flics m'ont interrogé pendant quelques minutes pour me demander si j'avais des pensées suicidaires. Je leur réponds avec tact que tout cela n'est qu'un malentendu, et ils sont finalement partis. *S'ils avaient demandé à fouiller ma chambre...* Tout aurait été fini. L'espace de quelques secondes horribles, j'ai cru que tout s'effondrait. Quand ils ont disparu, une immense vague de soulagement m'a submergé. Ce fut un moment horrible.

« La faute à ces vidéos. Trop de colère. Je les ai toutes retirées et je prévois de les poster à nouveau peu de temps avant le Jour du Châtiment. Cet incident me fait comprendre qu'il faut que j'agisse avec la plus extrême prudence. Il ne faut pas que j'éveille les soupçons. Une seule personne suffit pour appeler la police et leur dire que je prépare une tuerie. Les jours suivants, j'ai très peur qu'ils réapparaissent. Je garde près de moi l'un de mes pistolets avec quelques chargeurs au cas où une telle chose se produirait. S'ils reviennent, je serai obligé de les abattre pour m'échapper par la fenêtre qui donne sur le jardin. Il me faudra changer mes plans avec la police à mes trousses. Cela gâcherait tout. Fort heureusement la police n'est jamais revenue.

« Au cours des dernières semaines de mon existence, j'ai poursuivi mes explorations quotidiennes. J'ai été conforté dans la certitude que mon unique avenir serait un monde pervers de souffrances permanentes. Peu importe où me guident mes pas, je suis confronté aux mêmes injustices. Les jeunes couples sont partout ! Ils me rappellent en permanence ce qui m'a manqué toute ma vie. Je ne peux pas sortir de ma chambre sans voir un jeune couple qui me fait sentir envieux et enragé. *Comment ces filles osent-elles offrir leur amour et leur sexe à ces autres hommes et pas à moi,* j'y pense tout le temps quand je les vois. Il n'y a nulle part où je puisse encore aller. Il n'y a plus de vie à vivre. Le Jour du Châtiment est tout ce qui me reste. C'est la solution finale à toutes les injustices de ce monde pervers. Avec mon passage à l'acte, je vais régler tous les torts auxquels j'ai dû faire face dans ma misérable existence.

« À chaque fois que je vois un type se promener avec sa belle petite amie, je veux les détruire tous les deux de la manière la plus douloureuse possible. Ils ne méritent pas autre chose. Ils doivent être punis. Les mâles parce qu'ils mènent une existence meilleure et plus agréable que la mienne et les femmes pour m'avoir ignoré. Le jour du Châtiment, je pourrai enfin les punir TOUS !

« Quand je pense à l'existence merveilleuse que j'aurais pu connaître si ces femmes avaient été attirées par moi, mon être tout entier brûle de haine. Elles m'ont rejeté et, en retour, je vais les pulvériser. Ce n'est que justice.

« Je ne fais pas partie de la race humaine. L'humanité m'a écarté de son sein. Les femelles n'ont jamais voulu s'accoupler avec moi, alors comment pourrais-je me considérer comme faisant partie de l'humanité ? En fait, je suis plus qu'humain. Je suis supérieur à tous les autres. Je suis Elliot Rodger… Magnifique, glorieux, suprême, éminent… Divin ! Je suis la chose la plus proche d'un dieu vivant. L'humanité est une espèce dégoûtante, dépravée et maléfique. C'est ma mission de les punir tous. Je vais purifier l'univers de tout ce qui ne va pas en lui. Au Jour du Châtiment, je serai vraiment un dieu puissant qui punira tous ceux que je considère comme impurs et dépravés.

« **Épilogue**

« Et c'est ainsi que ma vie tragique se termine. Qui aurait pensé que ma vie tournerait de cette façon ? Pas moi. Il fut un temps où je pensais que le monde était un endroit plaisant et heureux. À mes yeux d'enfant, tout était innocent. Ce n'est qu'au moment de la puberté où j'ai commencé à désirer des filles que ma vie entière s'est transformée en enfer. Mes envies se sont éveillées et les femelles m'ont rejeté. Il y a là quelque chose de pervers. C'est une injustice qui ne peut rester impunie. Pas moyen de mener une vie heureuse avec un tel scénario.

« Tout le monde sait que je suis vierge. Je veux que les gens pensent que les filles m'aiment. Je veux me sentir digne. Il n'y a aucune fierté à exister comme un marginal solitaire. Je n'appelle pas ça vivre. Ce n'est pas ma place dans ce monde. Je ne vais pas m'incliner et accepter un sort aussi horrible. Si l'humanité ne me donne pas une place de valeur en son sein, alors je les détruirai tous. Je suis mieux qu'eux tous. Je suis un dieu. Appliquer mon Châtiment est ma façon de prouver au monde ma véritable valeur.

« J'ai une vision qui manque à d'autres. Au travers de ma souffrance, je constate à quel point ce monde est pervers et faux. L'état actuel de l'humanité est ce qui la rend mauvaise. Je regarde la race humaine et je ne vois que vilenie et dépravation, tout cela à cause d'un acte connu sous le nom de sexualité...

« Le sexe est de loin le plus mauvais concept dans l'existence. L'acte sexuel offre aux humains une énorme sensation de plaisir. Un plaisir qu'ils ne méritent pas. Mais le monde n'est pas censé être le paradis. Le mal ultime qui se cache derrière la sexualité est la femelle. Elles sont les principales instigatrices du sexe. Elles contrôlent quels hommes y ont droit et lesquels n'auront rien. Les femmes sont des créatures défectueuses. Elles pensent comme des bêtes, et en vérité, ce *sont* des bêtes. Les femmes sont incapables d'avoir des principes moraux ou d'avoir une pensée rationnelle. Elles sont contrôlées par leurs émotions dépravées et leurs viles pulsions sexuelles. J'ai observé ceci toute ma vie. Les plus belles femmes choisissent de s'accoupler avec les hommes les plus brutaux, au lieu de magnifiques gentlemen tels que moi.

« Les femmes ne devraient pas avoir le droit de choisir avec qui s'accoupler et se reproduire. Cette décision devrait être prise pour elles par des hommes rationnels et intelligents. Si les femmes continuent d'avoir des droits, elles empêcheront l'avancée de la race humaine pour enfanter une progéniture stupide et dégénérée. Les femmes ont plus de pouvoir dans la société qu'elles ne le méritent, tout cela en raison du sexe. Il n'y a pas de créature plus maléfique et dépravée que la femelle humaine.

« Les femmes sont comme une peste, elles sont des animaux vicieux, méchants, barbares, et elles doivent être traitées ainsi. Dans un monde idéal, la sexualité n'existerait pas. Elle doit être interdite pour que l'humanité devienne pure et civilisée. Les hommes grandiront sans avoir à se soucier d'un tel acte barbare. La race humaine évoluera vers un tout autre niveau de civilisation dépourvu de toute impureté et dégénérescence.

« Afin d'éradiquer la sexualité, les femmes elles-mêmes devront être abolies. Toutes les femmes doivent être mises en quarantaine comme la peste le fut au Moyen Âge, afin qu'elles puissent être utilisées d'une manière qui profite à toute société civilisée. Pour qu'il en soit ainsi, il faut un nouveau et puissant type de gouvernement, sous le contrôle d'un seul dirigeant divin, à mon image.

« Il faudra mettre toutes ces femmes en quarantaine dans des camps de concentration. Là, la grande majorité de la population féminine sera délibérément affamée afin que mort s'ensuive. Je prendrai grand plaisir à condamner chaque femme sur cette terre à mourir de faim. Je ferai édifier une énorme tour juste pour mon plaisir, d'où je pourrai superviser le camp de concentration et assister avec joie à leur lente agonie. *Si je ne peux pas les avoir, personne d'autre ne le pourra.* Les femmes représentent tout ce qui est injuste dans ce monde, et elles doivent toutes être éradiquées.

« Quelques femmes seront épargnées afin de permettre la reproduction. Elles seront gardées et élevées dans des laboratoires secrets. Elles y seront inséminées artificiellement avec des échantillons de sperme. Leur nature dépravée sera petit à petit rééduquée avec le temps.

« L'existence de ces dernières femmes sera un secret bien gardé. Si un homme grandit sans connaître l'existence des femmes, il n'y aura pas de désir sexuel. La sexualité cessera d'exister. L'amour cessera d'exister. C'est le seul moyen de purifier le monde. L'esprit de l'homme pourra s'élever vers les plus hauts sommets. Les générations futures connaîtront une existence libérée de la barbarie du sexe et des femmes, ce qui leur permettra d'accroître leur intelligence et de faire avancer la race humaine vers un état de civilisation parfaite.

« C'est une vraie honte que mon monde idéal ne puisse pas être créé. Une telle chose ne deviendra jamais une réalité pour moi, mais cela m'a permis de fantasmer car je brûle de haine envers toutes ces femmes qui m'ont rejeté tout au long des années. Si je ne peux pas l'avoir, je ferai tout mon possible pour *LE DÉTRUIRE.*

« Le Jour du Châtiment est ma tentative de détruire tout ce que je ne peux pas avoir. Je les tuerai tous et je les ferai souffrir, tout comme ils m'ont fait souffrir. Ce n'est que justice.

« *Pourquoi les choses doivent-elles être ainsi ?* Je suis sûr que c'est la question que tout le monde se posera après le Jour du Châtiment. Ils demanderont tous *pourquoi.* En effet, pourquoi ? Pourquoi ai-je été condamné à mener une existence de misère alors que d'autres hommes ont pu vivre les plaisirs du sexe et de l'amour avec les femmes ? Pourquoi les choses doivent-elles finir ainsi ? Je vous le demande à tous.

« Tout ce que j'ai toujours désiré, c'est d'aimer les femmes et d'être aimé en retour. Je suis la véritable victime dans tout cela. Je suis le « bon gars ». L'humanité m'a frappé de plein fouet en me condamnant à subir tant de souffrances. Je n'ai pas voulu cela. Ce n'est pas moi qui ai commencé cette guerre... Je ne suis pas celui qui a démarré les hostilités... Mais c'est moi qui mettrai un terme à cette bataille. Je vais punir *tout le monde.* Et ce sera beau. Je pourrai enfin montrer au monde ma vraie valeur. »

LE MASSACRE D'ISLA VISTA

Le 23 mai 2014, vers 18 heures, Elliot Rodger poignarde à mort ses deux co-locataires : Weihan Wang, 20 ans, reçoit quinze coups de couteau et Chen Hong, 20 ans, est frappé à vingt-cinq reprises. Un de leurs amis,

George Chen, 19 ans, est victime de quatre-vingt-quatorze coups de couteau au Capri Apartments, 6598 Seville Road. Chacun est assassiné dès son entrée dans l'appartement. Rodger traîne ensuite les cadavres pour les cacher sous des draps et des serviettes, il essuie les taches de sang qui coulent sur le palier afin de ne pas alarmer la victime suivante. Les trois Asiatiques présentent aussi de nombreuses blessures de défense.

Autour de 19 h 30, Elliot Rodger prend un café à emporter chez Starbucks. Il retourne se garer devant son domicile où il télécharge sa vidéo « Retribution » sur YouTube à 21 h 17 et envoie son manifeste vers les boîtes mails de trente-quatre personnes à 21 h 18.

Ensuite il se dirige vers la maison de la fraternité Alpha Phi Sorority sur Segovia Road et Embarcadero del Norte. Il frappe à la porte pendant plusieurs minutes sans que quiconque lui réponde. Sur le trottoir, Rodger tire sur trois membres de la fraternité Delta Delta Delta Sorority et il tue Veronica Weiss, 19 ans, et Katherine Cooper, 22 ans, tandis que Bianca DeKock, 20 ans, survit à ses blessures. Plusieurs passants téléphonent au 911, le numéro des urgences. Il est 21 h 27.

Elliot Rodger prend le volant de sa BMW pour se rendre deux pâtés de maisons plus loin sur Pardall Road où il tire sans raison un coup de feu sur le Coffee Collaborative, un établissement qui est fermé. Dans l'épicerie voisine, Isla Vista Deli Mart, il abat Christopher Michaels-Martinez, 20 ans, d'une seule balle en pleine poitrine. Les clients affolés se cachent entre les rayonnages et dans la réserve du magasin. Il fonce à toute allure sur El Embarcadero del Norte où il emboutit le véhicule de Jin Fu. Sur Trigo Road, Aaron Zaglin, 22 ans, et Bailey Maples sont tous deux blessés au bras.

À Sabado Tarde Road, Megan Carloto, 22 ans, est touchée par une balle à la cuisse droite alors qu'elle fait du vélo. Un peu plus loin, près de Del Playa Drive, Sierra Swartz est ciblée par plusieurs tirs, sans être touchée. À l'intersection d'El Embarcadero del Norte et de Del Playa Drive, l'officier de police Adrien Marquez essuie un coup de feu et réplique à son tour. Aucun des deux conducteurs n'est touché.

Sur Del Playa Drive, Nicholas Pasichuke, 19 ans, et Patrick Eggert, 19 ans, survivent à une collision avec la BMW de Rodger. Au croisement de Sabado Tarde Road et Camino Del Sur, Christopher Hoang reçoit plusieurs balles aux fesses et au bras droit. Toujours sur Sabado Tarde Road, Elliot Gee, Mitchell Lyubarsky, 21 ans, et Victor Garcia se font percuter par le véhicule du tueur. À quelques centaines de mètres sur la même rue, Matthew Smith et Antoine Cherchian, 25 ans, sont blessés par balles et échappent à la mort. À l'intersection de Little Acorn Park et Sabado Tarde Road, la BMW d'Elliot Rodger reçoit de nombreux coups de feu de la part du sergent Brad Welch, des inspecteurs Brian Flick, Wayne Johnson et Jorden Walker. Dans sa fuite à toute allure, il percute la voiture de Keith Cheung, 21 ans. Quelques instants plus tard, Elliot Rodger se suicide d'une balle dans la tête. Il est 21 h 35 et la tuerie dans les rues d'Isla Vista a duré huit minutes. Les policiers retrouvent 548 munitions dans la BMW. Au total, 83 douilles sont récupérées sur les différentes scènes de crime, 55 tirées par Rodger et 28 par les forces de l'ordre.

DESTINATION TERREUR[1]

(Youth's Encounter with Terror)

Le 23 février 1996, William Bonin, surnommé le « Freeway Killer », devient le premier condamné à mort de Californie à être exécuté par injection létale après avoir passé dix-sept ans dans le couloir de la mort. Il a été condamné pour quatorze meurtres de jeunes adolescents et suspecté de trente homicides supplémentaires. Âgé de 49 ans, il n'exprime aucun remords pour ses crimes, estimant injuste d'avoir été condamné à mort. Parfois, il viole, torture et étrangle ses victimes avec divers complices.

Pendant son séjour dans le couloir de la mort de la prison de San Quentin en Californie, on peut l'apercevoir dans une cour banale. Environ dix mètres sur vingt. Des mouettes survolent les lieux. Une dalle de béton, avec une douche découverte d'un côté, des haltères de l'autre. Une table métallique est fixée au sol. Quatre hommes jouent aux cartes. Une partie de bridge. Autour d'eux, d'autres sont allongés à même le sol, plongés dans des jeux de toutes sortes. On parie

1. Pour le paratexte de ce chapitre, je me suis appuyé sur mes travaux antérieurs, notamment *Serial Krimes* et *Tueurs* parus chez Grasset.

de l'argent. Pour le bridge, c'est dix pence le point. Les joueurs échangent à peine quelques mots, si ce n'est pour se moquer du moins intelligent d'entre eux qui finit souvent par perdre patience et par jeter ses cartes violemment sur table en s'exclamant : « Ras le bol ! J'en ai marre ! Tout ça, c'est de l'histoire ancienne. » Trois des hommes sont moustachus. On se croirait presque dans un remake de la fameuse partie de cartes de Marcel Pagnol. Parfois, l'un d'eux lève la tête vers le mur d'enceinte où des gardiens armés de mitraillette font le guet.

Nous sommes dans un lieu mythique. La prison de San Quentin. La cour n° 4. C'est là que sont parqués les solitaires, ceux qui ne peuvent pas s'intégrer dans le milieu carcéral, les violents et les violeurs d'enfants qui risquent leur existence s'ils ne sont pas isolés des autres. Les quatre joueurs sont en sursis. Ils sont tous condamnés à mort pour des crimes abominables et les exécutions capitales qui ont été suspendues en Californie depuis vingt-deux ans vont reprendre en 1991. La porte verte de la salle d'exécution va bientôt s'ouvrir à nouveau…

Un ex-routier, William Bonin, est le plus colérique des quatre joueurs. Il a été surnommé le « Freeway Killer » (le « Tueur des autoroutes ») par la presse pour les quatorze assassinats d'adolescents qu'il a commis entre 1979 et 1980 le long des autoroutes de Los Angeles avec, quelquefois, l'aide d'un complice. Autre tueur homosexuel, Randy Kraft a écumé les mêmes routes que Bonin, si bien que les enquêteurs ont longtemps cru avoir affaire au même serial killer, même s'il a probablement tué pour la première fois en 1971, avant d'être arrêté douze ans plus tard. Jugé pour trente-sept crimes, Kraft est retrouvé en possession d'une liste codée comportant soixante et un prénoms de victimes. Spécialiste en informatique et d'une extrême intelligence, Randy Kraft est à l'opposé des clichés habituels du serial killer : il reconnaît avoir vécu une enfance sans histoire, n'avoir subi aucun sévice et il n'a jamais effectué le moindre séjour en prison avant son arrestation pour meurtre. Kraft est le plus doué des bridgeurs et il déteste Bonin qui le lui rend bien. Ce dernier a pour partenaire Lawrence Bittaker qui prenait des jeunes auto-stoppeuses dans son van (surnom de son engin : le « Murder Mack »), avec son complice Roy Norris, un détraqué sexuel complet. Les deux hommes s'étaient juré de tuer une adolescente représentant chaque tranche d'âge entre treize et dix-huit ans. Pour revivre ces instants de torture et de mise à mort, Bittaker et Norris enregistrent les cris des victimes. Ces bandes insoutenables, j'ai eu l'occasion de les écouter lors d'une visite à l'Académie du FBI, à Quantico. Je crois que ces hurlements me hanteront jusqu'à la fin de mes jours.

Le partenaire de Randy Kraft est le « Sunset Slayer » (« Le Boucher de Sunset ») Douglas Clark qui, à l'âge de 32 ans, rencontre une infirmière divorcée avec deux enfants, Carol Bundy, de cinq ans son aînée, à qui il fait partager ses fantasmes sexuels pervers. En juin 1980, Carol décide de l'aider à kidnapper des prostituées sur Sunset Boulevard et les deux amants assouvissent leurs désirs nécrophiles. Certaines des six victimes sont abattues pendant qu'elles font une fellation, d'autres sont décapitées. Ils sont tous deux condamnés lors de procès séparés et Douglas Clark, qui se défend lui-même, s'est rendu célèbre en écrivant un article intitulé « Attraction fatale » pour le *Times*. Carol Bundy est morte d'une crise cardiaque le 9 décembre 2003, dans la prison de « Central California Women's Facility », à Chowchilla. Elle était âgée de 61 ans et purgeait une condamnation à cinquante-deux années de prison. Bundy, qui était diabétique, alternait depuis cinq mois les séjours en hôpital et en cellule, et elle connaissait de graves problèmes cardiaques et respiratoires.

Lorsque William Bonin apprend l'exécution de son « collègue » mais néanmoins concurrent John Wayne Gacy, car ils « vendent » tous les deux leurs dessins et peintures, tous les prisonniers de San Quentin se souviennent de son explosion de joie. Le jour qui précède son exécution, William Bonin prononce ces ultimes paroles : « J'estime que la peine de mort n'est pas la réponse aux questions qui nous occupent. Je pense qu'elle envoie un message erroné aux jeunes de notre pays. Les jeunes agissent par mimétisme en regardant comment les autres agissent – et non pas parce qu'on leur dit de faire telle ou telle chose. Et je suggère que si une personne a l'idée de commettre un acte criminel, avant de passer à l'acte, elle devrait se rendre dans un endroit calme pour y réfléchir sérieusement. »

Le protagoniste de son récit *Destination terreur* (*Youth's Encounter with Terror*) qui est écrit entre 1985 et 1987 ressemble beaucoup aux types de victimes que William Bonin prend en stop à bord de son camion.

DESTINATION TERREUR

La pluie a trempé son mince blouson et il frissonne, pourtant il continue son chemin. Pour Carl, c'est normal de se sentir ainsi : rejeté, sans amour, bon à rien, même pas digne de respirer l'oxygène qui le maintient en vie. Peut-être que s'il attrape une pneumonie pour en mourir, ce serait la meilleure solution. Alors il n'aurait plus besoin de savoir comment dégotter son prochain repas ou un endroit pour reposer sa tête remplie de confusion, de doutes, de douleur et, oui, d'humiliation. Un fardeau bien trop lourd à porter pour ses treize ans. Les larmes sont bien là, mais elles refusent de couler – à cause de la terreur qu'il éprouve. Un vrai miracle s'il parvient à survivre à ce calvaire.

Son cœur se remet à battre la chamade. Il s'arrête le temps de reprendre un semblant de contrôle. Les pleurs ne viennent toujours pas. Oh oui, bien sûr, il pleure, mais en son for intérieur. Tout son corps se met à trembler et les soubresauts sont internes. Ses yeux brillent, mais aucune larme ne vient mouiller sa joue.

Ses pensées le ramènent au moment où son existence bascule dans la folie, il y a trois jours à peine. Le bruit le réveille et il demande à son père ce qui se passe. Son regard se pose sur les valises et les cartons qui encombrent l'entrée. Sa mère enfile un manteau. Son père reste muet, il se contente d'ouvrir la porte et d'emporter un carton. Il répète ce geste jusqu'à que tout soit vide dans le couloir.

Carl, étonné, examine le sac de couchage qui remplace son ancien lit. La petite chambre du motel qui a connu des jours meilleurs n'a qu'un seul lit, pas de divan et une chaise. Cela lui laisse le plancher pour dormir. Il a appris de longue date que cela ne sert à rien de tenter d'obtenir une réponse de son père. Il ne s'exprime que lorsqu'il en a envie. Une seule fois il a insisté, ce qui lui a valu de perdre deux dents. La leçon a été retenue à tout jamais.

Sa mère rejoint son père sur le pas de la porte, elle le regarde une dernière fois avant de sortir. Il ne l'a plus revue depuis. Il ne s'attend pas à la revoir non plus. Son père l'examine, un large sourire aux lèvres. « C'est le moment que j'attendais depuis très très longtemps. » Le paternel prend de l'argent dans son portefeuille et balance les billets sur le plancher. « C'est tout ce que tu auras, ainsi que tes frusques et le sac de couchage que tu aimes tant. À toi de te démerder à présent, seul. Bonne chance et bon débarras ! »

« Papa ?... Maman ?... Papa ?... Hé ! Attendez ! Où allez-vous ? » Il se débat pour sortir du sac de couchage et se précipite vers la porte. Il est inquiet. Il ouvre le battant pour apercevoir la voiture de ses parents quitter le motel et s'engager le long de l'autoroute. Il court dans le froid vif des premières heures matinales. Au bord de la voie, il leur hurle de revenir. Rien n'y fait. La voiture s'éloigne. L'inquiétude laisse place à la panique. Il se focalise sur le point qui disparaît au loin.

Il retourne avec lenteur au motel. Il est en caleçon, mais le froid glacial et la neige ne le touchent même pas, au physique ni au mental. Il est tétanisé, seul, confus et terrorisé. Il rampe jusqu'à son sac de couchage en position fœtale. Il est seul au monde. Même s'il ne ressent pas le froid, son corps, lui, réagit en conséquence. Il n'en a pas conscience, mais ses instincts naturels de défense prennent le dessus. Carl n'est pas capable de prendre une quelconque décision. Il est en état de choc.

Un long moment s'écoule sans qu'il pense à quoi que ce soit. Il est simplement conscient du silence qui l'entoure. Tout est tranquille. Le son aussi l'a abandonné.

Petit à petit, Carl se reprend. Ses yeux s'ajustent à l'environnement, il aperçoit l'argent que son père lui a jeté. Les paroles du paternel lui reviennent en boomerang : « À toi de te démerder à présent, seul. Bonne chance et bon débarras ! » Il doit se lever pour retrouver ses parents. Ses yeux s'écarquillent, son corps se tend comme un arc, et il prend conscience de la réalité.

C'est comme si tout se déroulait au ralenti. Il parvient à ranger tous ses vêtements dans la vieille valise bosselée que ses parents lui ont laissée. Il s'empare du cordon de la persienne pour la sécuriser vaille que vaille. Il a l'impression de se déplacer dans de la ouate. Rien n'est vrai. Il doit rêver. Non, il ne rêve pas, il est bien entré dans le monde réel. Un univers où personne ne s'intéresse aux autres. À partir de cet instant, c'est à lui de faire face. Apprendre au plus vite est quelque chose qu'il doit assimiler sinon il ne survivra pas. Il périra sur le bord de la route telle une mauvaise herbe.

*

Les trois derniers jours ont été un enfer. Carl a dû choisir sa destination et organiser sa survie. Les deux billets de vingt dollars ne vont pas l'emmener loin. Il doit les garder pour se nourrir. Une fois l'argent dépensé, il devra prendre d'autres décisions.

Comme s'il n'avait pas assez de problèmes, il pleut des hallebardes à présent et il est complètement trempé. La pluie est rare dans le désert, mais il n'a maintenant aucun endroit pour se mettre à l'abri.

Carl a choisi d'aller en Californie. Peut-être y trouvera-t-il quelqu'un qui souhaite sa présence. Avant de quitter Denver, il a demandé son chemin pour emprunter l'I-70. On lui a dit qu'il n'y aurait aucun problème pour se faire prendre en stop. S'il choisit l'autre direction, c'est l'I-40 pour Albuquerque où il risque des ennuis, et qu'on lui pose beaucoup de questions. Il s'est décidé pour l'I-70.

Il pense avoir commis une erreur. Personne ne lui a posé de questions, normal, vu qu'aucune voiture ne s'est arrêtée pour le prendre. Trois jours de marche à dormir à l'écart de la route l'ont épuisé. Il se sent misérable et sa dépression augmente de minute en minute. À treize ans, Carl sait que ce n'est pas sain pour lui. Si la chance ne lui sourit pas bientôt, il n'aura même plus besoin de s'inquiéter pour son avenir.

Il continue de progresser, un pas après l'autre, sans se poser de question. Chaque mètre le rapproche de... de quoi d'ailleurs ? Seul le temps pourra le dire. A-t-il vraiment le choix ? Aura-t-il un jour la possibilité de décider de quoi que ce soit ? Qu'est-ce que l'avenir lui réserve ? Va-t-il devenir l'un de ces garçons obligés de vendre leur corps pour subsister ? Comment peut-on en arriver là ? S'il faut choisir entre vivre et mourir, il pense qu'il le fera. D'un point de vue mental, il se prépare à cette possibilité.

Lorsque la pluie s'arrête enfin, il s'éloigne de la route pour enfiler des habits secs. Au moins la valise lui offre ce luxe. Le sac de couchage est trempé. Il s'essuie et se change, il met ses vêtements à sécher sur le fil de fer barbelé qui court le long du désert bordant l'I-70. Il se demande s'il sortira vivant de cette contrée qui semble interminable.

Le soleil darde ses premiers rayons. Quel soulagement. Le jour et la nuit. La chaleur lui remonte le moral et lui rend l'espoir de s'en sortir. Oui, il a un avenir. Il va y arriver. Il va survivre. Le soleil sèche ses habits mais aussi ses larmes intérieures.

C'est la première nuit depuis son départ du motel où il dort sans faire de cauchemars. Il se réveille avec un intense désir de survie. Il n'est pas stupide et sait fort bien qu'il ne pourra pas vivre seul. Une fois arrivé en Californie, il faut qu'il trouve quelqu'un qui puisse l'aider. Il ne veut pas se prostituer ni voler pour se nourrir. Il n'a aucune envie de finir ainsi.

Il se met en route vers l'Ouest. Il a une nouvelle vision de son futur. Bientôt, il ne sera plus seul, mais avec des personnes qui vont lui permettre d'avoir une chance dans la vie.

*

Une voiture s'immobilise et il monte à bord. Il ne se fait pas prier. Une première depuis qu'il a quitté Denver. Ils se dirigent vers Las Vegas. Quel soulagement ! Peut-être trouvera-t-il quelqu'un en ville sans avoir besoin de continuer vers la Californie. Ces personnes l'aideront peut-être. Il faut qu'il discute avec elles.

Le mouvement du véhicule le berce et le plonge dans un profond sommeil. Il ignore que Las Vegas n'est pas du tout la destination finale de ces braves gens. Non, ils ont une autre idée en tête. Cela ne les dérange pas du tout d'avoir affaire à un gosse. Ce qui importe, c'est qu'il soit un fugueur. L'homme lui a parlé et il sait que son passager est Carl, âgé de treize ans. Aucun garçon de cet âge avec une valise et un sac de couchage ne peut être autre chose. C'est l'évidence même. Il est ravi que personne n'ait eu l'idée de le prendre en stop. Il sait que Carl va lui rapporter un bon paquet de fric. Il possède un beau visage qui respire la pureté.

Il fait nuit lorsque la voiture s'immobilise devant une maison. Carl dort à poings fermés sur la banquette. Il ne s'est pas réveillé une seule fois. L'homme indique à sa femme de rester à bord. Cela ne dure que quelques minutes. Il réveille le jeune garçon.

— Où sommes-nous ?

— Allez viens, sors de là.

L'homme le tire par le bras. Quelque chose ne colle pas. La voix n'est plus du tout amicale. Il est dur. Qu'a-t-il fait de mal ? Qu'est-ce qui se passe ? Il ne leur a pourtant rien fait.

L'homme le traîne en haut des marches du perron. Ils pénètrent dans le salon.

— C'est le gosse. Je pense que tu pourras en tirer beaucoup de boulot.

L'interlocuteur s'approche pour tâter le bras de Carl.

— Fais du muscle, gamin.

Comme il reste sans réaction, l'homme lui balance un crochet au menton qui envoie Carl valdinguer au sol. Il perd presque connaissance. Le type l'oblige à se relever et le secoue par les épaules. Petit à petit, il retrouve ses sens. Il se rend compte que quelqu'un s'adresse à lui. Il réitère sa demande et Carl tente de faire du muscle mais il est trop faible pour y parvenir.

— C'est de la merde, ce gosse.

— Laisse-le reprendre des forces, tu l'as trop secoué. Tu ne seras pas déçu. Le gamin est costaud. Tu en auras pour ton argent.

Carl se sent faible. On ne l'a jamais frappé aussi fort.

— Qu'est-ce qui se passe ? Pourquoi m'avoir tapé ?

— À partir de maintenant, si tu ne fais pas ce que je dis, ce sera autre chose qu'une caresse.

Une caresse ? C'était une caresse, ça ? Mon Dieu, il n'a aucune envie de goûter à quelque chose de plus violent.

— Maintenant, montre-moi tes biceps ou je te balance contre le mur.

Carl s'exécute et l'homme tâte son bras droit. Il sourit. Il paraît content. Qu'est-ce qu'il lui arrive à présent ? Pourquoi ce type veut voir ses muscles ? Vont-ils le violer ?

— Okay, je le prends.

Il tire des billets de sa poche et les donne à l'homme qui s'en va. Carl pense, « Hé, et mes affaires ? » Il ignore pourquoi il est là mais il sait qu'il veut sa valise et son sac de couchage. À un moment donné, il quittera cet endroit et il en aura besoin. Il n'entend pas la réponse, vu que l'homme reste muet, mais il sent l'effroyable douleur. Et puis, plus rien.

*

Carl se réveille en plein jour. Combien de temps a-t-il dormi ? Il se souvient d'avoir posé une question. Il se lève pour se rendre compte qu'il est enchaîné au lit. C'est le seul meuble de la pièce. Il n'y a même pas de tableau accroché aux murs.

La réalité s'immisce dans son esprit et la mémoire lui revient. L'argent qui change de mains et le coup de poing qui fuse. Il a dû s'évanouir. Il se tâte le menton. Gonflé mais pas brisé.

L'homme entre dans la chambre pour l'observer. Son aspect fait peur. Le Bossu de Notre-Dame peut aller se rhabiller. Carl a l'impression de voir le diable. Ce type n'a jamais dû se brosser les dents. Elles sont jaunes.

— Bon, écoute-moi bien. Je ne me répéterai pas. Tu m'appartiens à présent et tu dois obéir au doigt et à l'œil. Tu refuses de faire quoi que ce soit et tu auras le même remède qu'hier soir. Si tu me fais chier, tu rejoindras ma femme. Elle est près du vieux chêne à six pieds sous terre. Tu cherches à t'enfuir et c'est fini. Pas de seconde chance. Tu y arrives, t'es libre. Tu rates ton coup, t'es mort. J'ai pas besoin de conversation, alors ferme ta gueule. Tu fais ce que je dis, point barre. Tu me réponds et je te frappe.

Ce type ne se brosse jamais les dents, Carl en est sûr. D'où il se trouve, à l'autre bout de la pièce, il sent l'haleine putride de son geôlier.

L'homme sort une clef de sa poche pour le libérer. Il lui passe deux lourdes chaînes qui lui relient les pieds.

— Tu peux commencer par nettoyer la baraque. Je veux que ça brille.

Il quitte la pièce et la maison. Carl sent son regard de folie et l'odeur putride de son corps.

Carl tente en vain de retirer les chaînes. C'est sans espoir. Elles laissent circuler le sang. Il les suit pour s'apercevoir qu'elles sont attachées à une plaque de métal au mur de la cuisine. Impossible de la desceller et, même s'il y parvient, les chaînes sont beaucoup trop lourdes à porter. Il ne lui reste plus qu'à nettoyer la maison. S'il n'obéit pas, il sait ce qui l'attend. À nouveau, il n'a pas le choix. Il se demande si cela arrivera un jour.

*

Au fil des jours, Carl fait ce qu'on lui dit. Il ne pose aucune question. Il n'ouvre jamais la bouche quand l'homme est présent. Il n'a aucune envie de réveiller la Bête. Tant qu'il obéit, tout va pour le mieux. Pas de coups et la nourriture est abondante.

Carl s'imagine qu'il pourrait surprendre son geôlier, lui sauter dessus et le poignarder afin de se libérer, mais dès le premier jour il se rend compte que c'est impossible. L'homme l'a appelé au-dehors. Les chaînes sont assez longues pour qu'il puisse sortir sur le perron.

Il prend soin de vérifier s'il possède une arme blanche ou un quelconque autre objet qui puisse servir d'arme. Puis ils retournent à la chambre où il est à nouveau enchaîné au lit.

Cela devient une routine. À chaque fois que l'homme quitte la maison, il libère Carl du lit pour lui enserrer les pieds. À son retour, c'est l'inverse qui se produit. Carl attend toujours avec impatience le départ de son geôlier. Il peut alors se laver avec une serviette car il lui est impossible de retirer son pantalon – ou il peut manger et se reposer. Il doit juste s'assurer que la demeure reste propre – pas seulement propre, impeccable.

*

Carl pense sans cesse à des moyens de s'enfuir. Aucun de ses plans ne semble faisable. Il est juste prisonnier et dépendant du bon vouloir de l'homme. Il se demande quel âge il aura lorsqu'il pourra partir. Doit-il attendre la mort de son geôlier ? Et s'il décède alors que lui-même est attaché au lit, comment fera-t-il ?

Il est toujours enchaîné. Il est impossible de retirer ses chaînes. La situation est désespérée. La nuit, allongé sur le lit, c'est plus que l'obscurité qui l'envahit mais les ténèbres qui l'engloutissent. Imaginer que l'homme puisse mourir pendant son sommeil le rend fou de terreur. Le matin, lorsque son geôlier vient le libérer, il est tétanisé à l'idée de ce qui peut l'attendre au cours de la journée.

Deux mois s'écoulent. Il s'est installé dans la routine. Il accepte son sort et a presque renoncé à tout espoir de s'échapper… Quel est ce bruit ?… On siffle ! « Hello, il y a quelqu'un ? » Doit-il sortir pour lui parler ? Est-ce un piège de l'homme pour se rendre compte s'il lui désobéit ? Il a indiqué à Carl qu'un jour il enverrait un « bon ami » pour voir sa réaction. Est-ce ce « bon ami » ? Il décide que cela vaut le coup d'essayer. Il doit savoir si le visiteur peut venir à son secours. Mais si le type décide de profiter de la situation ? Cela pourrait être pire que de se faire assommer. Se faire tuer peut-être ?

Carl ouvre la porte : « Que voulez-vous ? » Sa voix tremble. La voix lui dit qu'il cherche du boulot. Carl reste muet. Il attend que l'homme se présente face à lui.

C'est un jeune homme, un peu plus âgé que lui. Dix-sept ans environ. Il est visible que c'est un routard, tout comme lui. Son cœur fait un bond dans la poitrine. Carl s'avance afin que le visiteur voie les chaînes à ses pieds. Il est confus. Que le garçon se rende compte par lui-même. Ce sera plus facile.

— Que fais-tu avec des chaînes aux pieds ?

Carl baisse la tête, il n'ose pas regarder son interlocuteur dans les yeux. Il a peur et est désespéré. Que doit-il faire ? Ce garçon va-t-il l'aider ? Le seul moyen d'en avoir le cœur net, c'est de lui poser la question. Il lève la tête : « Je suis retenu prisonnier ici. Peux-tu m'aider ? » Les mots sont presque un chuchotement.

Le garçon franchit les marches jusqu'au perron et examine Carl de près.

— Allons à l'intérieur pour voir si on peut enlever tes chaînes.

Carl le guide et lui indique qu'il a cherché en vain à les retirer à de nombreuses reprises. Le garçon se présente, « Sport », c'est le surnom que tout le monde lui donne. Son pseudonyme de routard. Sur la route, les vraies identités ne sont d'aucune utilité. Il parle si vite que Carl lui demande de ralentir son débit. Sport est maintenant au courant.

Carl dit à Sport que l'homme revient toujours à 17 heures. Ce qui leur laisse quatre heures. Sport se dirige vers la grange. Il trouve un marteau et un burin. En quelques minutes, Carl est libéré de ses attaches. Les chaînes ont laissé leur empreinte sur ses jambes. Des hématomes d'une couleur hideuse. « Il faut qu'on parte au plus vite avant son retour. Il va me chercher partout. »

— Pourquoi n'as-tu pas demandé de l'aide ? Il n'y a pas de téléphone dans la maison ?

Carl répond que son geôlier le déconnecte pour l'emporter avec lui chaque fois qu'il s'en va. Il n'avait aucun moyen d'alerter quiconque sur son sort. Sport est la première personne qu'il voit depuis deux mois.

— Allons-y, dit Sport.

Ils descendent les marches du perron et Carl est surpris de voir sa valise et son sac de couchage. Sport les a trouvés lors de sa fouille de la grange. En regardant à l'intérieur de la valise, il a deviné qu'elle contient les effets personnels de Carl. Ce dernier s'empare de ses affaires.

Lorsqu'il atteint la route principale, Carl se retourne une dernière fois : « Voilà un endroit que je n'ai plus jamais envie de revoir. » Sport lui annonce qu'il préviendra la police une fois qu'ils seront loin, sans donner leurs noms. Carl demande à Sport pourquoi on ne peut pas leur téléphoner dès maintenant. S'ils agissent ainsi, explique Sport, on va les confier aux services sociaux. Sport est mineur, il n'a que seize ans. Et il ajoute que ces hébergements pour mineurs sont atroces.

*

Un jour et demi plus tard, Sport et Carl arrivent à San Francisco. Après avoir parlé à d'autres gosses de rue, Sport apprend l'existence d'un abri destiné à pourvoir à leurs besoins. Un endroit pour les gosses routards et les moins que rien.

Carl n'est pas un fugueur, c'est un moins que rien. Sport a perdu sa mère l'an dernier et il a décidé de faire la route plutôt que de se retrouver dans une famille d'accueil qui ne cherchait qu'à prendre l'argent des services sociaux.

Une fois à l'adresse indiquée, les responsables les accueillent à bras ouverts. Carl se rend compte que ces personnes ont quelque chose à lui donner qu'il n'a plus vu depuis longtemps – de l'amour ! Il s'en délecte.

Il leur raconte son histoire et ils l'assurent qu'il peut rester le temps nécessaire pour qu'on lui trouve une famille qui l'aimera de tout son cœur.

Cela semble la solution idéale pour Carl qui décide de rester. Sport choisit d'y demeurer le temps de trouver un emploi car il souhaite avoir son propre domicile. Les responsables de l'abri lui promettent de l'aider dans ses recherches. Et ils tiennent leur promesse.

En l'espace de quelques semaines, Sport dégotte un job, mais au lieu de prendre une location il reste sur place pour aider à l'accueil des nouveaux arrivants. Des adolescents qui arrivent jour et nuit, et pour qui il est d'un grand secours.

Carl est adopté par une famille qui a déjà un garçon de dix ans, Noah, qui se prend d'affection pour Carl. Il possède maintenant un grand frère, son plus grand désir dans l'existence. Il peut dire à présent qu'il a un grand frère pour le défendre, si l'on s'attaque à lui. Et Carl a un foyer, un vrai foyer. Il est enfin heureux.

Carl sait fort bien qu'il fait partie des chanceux. Cela aurait pu être bien pire. Il aurait pu se retrouver dans la rue avec les gays et les drogués. Beaucoup trop de routards et de laissés-pour-compte finissent sur le trottoir pour se vendre et sniffer, afin de les aider à oublier leur triste sort. Cela aurait pu être un cauchemar sans fin. Il se jure d'aider quiconque se trouverait dans une situation similaire, s'il en a la possibilité. D'abord, il faut qu'il reprenne sa vie en main afin de devenir quelqu'un. La vie sourit enfin à Carl et il adore vraiment ça.

Un commentaire de l'auteur, le serial killer William Bonin : « "Youth's Encounter with Terror" fait partie du recueil *Doing Time – Stories from the Mind of a Death Row Prisoner* publié en 1991 par Eagle Publishing. Les nouvelles qui le composent datent de 1985-1987. Elles ont été écrites dans le but de donner du plaisir à ceux avec qui je corresponds. En mai 1991, je commence à les taper à la machine et à les collecter sous la forme d'un livre. Chaque exemplaire est assemblé à la main dans ma cellule, car quand vous êtes dans le couloir de la mort vos ressources sont limitées. Voilà pourquoi ils se présentent sous cette forme primitive. Le recueil est vendu à la boutique de souvenirs de la prison de San Quentin et par Eagle Publishing. » (NDA : Un second tome devait paraître ainsi qu'un roman, *Missing Time*, mais ils ne voient jamais le jour.)

« Ce récit m'a été inspiré par un documentaire sur les fugueurs et les "moins que rien". Ces derniers sont des gosses jetés à la rue par leurs parents. Dans le reportage, il y a le témoignage d'un garçon de treize ans qui raconte son expérience. Il était à un tournant de sa vie, recueilli dans un abri et dans l'attente d'un foyer définitif.

« J'ai été très touché par la cruauté infligée à cet adolescent et j'ai voulu raconter une histoire qui transmettrait deux messages, l'un pour les parents, l'autre pour les enfants. Cela pourrait être votre enfant et cela pourrait être vous.

« Je ne voulais pas que cette nouvelle soit violente ni horrible, je souhaitais qu'elle se termine bien. J'avais besoin de dire qu'il y a des personnes et des endroits destinés à aider ces enfants et, grâce à cela, le monde est un endroit bien meilleur. »

DR. HOLMES ET MR. BUTCHER

H.H. Holmes

Le 9 avril 1896, moins d'un mois avant de finir sur le gibet, Herman Webster Mudgett signe de son pseudonyme H.H. Holmes un long témoignage où il évoque les assassinats de vingt-sept personnes ainsi que six tentatives de meurtre. Jusqu'alors il a toujours nié ce qu'on lui reproche lors de l'enquête et d'un procès à sensation qui s'est tenu à Philadelphie. Mais la découverte par les autorités de preuves matérielles à Toronto, Indianapolis et Chicago le force à changer de stratégie. L'escroc et tueur en série sait, de toute façon, qu'il ne peut plus échapper à la potence. D'aucuns avancent l'hypothèse qu'il ne peut plus cacher sa responsabilité dans le massacre des quatre membres de la famille Pitezel et que cette « confession » est destinée à lui garantir une place au panthéon des criminels les plus monstrueux de l'histoire. Il est vrai que certaines de ses affirmations paraissent entrer en contradiction avec les faits. Malgré tout, la tombe creusée dans la terre de la cave de Toronto et le four taché de graisse humaine à Indianapolis, tout comme ce laboratoire du crime sur la 63e Rue à Chicago, existent bel et bien.

Le magnat de la presse William Randolph Hearst (celui qui sert de modèle au *Citizen Kane* d'Orson Welles) aurait payé la somme astronomique de 10000 dollars pour pouvoir publier cette confession, même si cela n'est pas prouvé. Il y a aussi une autre raison plus personnelle à ces aveux. Tous ceux qui ont pu approcher H.H. Holmes dans sa cellule affirment que le criminel semble avoir été soulagé d'un immense fardeau par ce témoignage. Sa personnalité a changé, il est devenu introspectif, serein et il annonce s'être converti au catholicisme. Tous les jours ou presque il rencontre le père Dailey. Une fois qu'il se trouve sur la potence, dans un ultime retournement de situation, H. H. Holmes crie son innocence avant de basculer par la trappe qui s'ouvre sous ses pieds : « Gentlemen, j'ai peu de choses à vous dire. En fait, j'aurais préféré ne pas m'exprimer, mais en agissant ainsi, je n'aurais fait que cautionner mon exécution. On m'a accusé de nombreux crimes, mais je n'ai tué que deux femmes, en tout et pour tout. Je souhaite aussi vous confirmer que je n'ai assassiné aucun des membres de la famille Pitezel – les trois enfants et Benjamin, le père –, afin qu'il n'y ait aucun malentendu par la suite. Pourtant, j'ai été condamné pour ces crimes et je suis aujourd'hui destiné à être pendu pour cela. C'est tout ce que j'ai à dire. »

PHILADELPHIA ENQUIRER, dimanche 12 avril 1896 :

HOLMES CONFESSE 27 MEURTRES

L'HISTOIRE LA PLUS HORRIBLE DES TEMPS MODERNES RACONTÉE PAR LES DÉMONS À FORME HUMAINE.

Chaque Détail de Ses Crimes Effrayants Raconté par l'Homme Qui Admet qu'Il Se Transforme Sous l'Apparence du Diable.

LE RÉCIT DU PLUS GRAND CRIMINEL DE L'HISTOIRE

La Confession de H.H. Holmes

Au cours des derniers mois, le désir a été exprimé à plusieurs reprises que je fasse une confession détaillée de tous les crimes les plus graves qui ont avec une si merveilleuse compétence été recensés et rattachés à ma personne. J'ai été jugé pour meurtre, inculpé, condamné, et la première étape de mon exécution le 7 mai, à savoir la lecture de mon arrêt de mort, a été menée, et il semble maintenant être opportun, plus que tout, de faire connaître les détails de ces vingt-sept meurtres, dont il serait inutile de dire plus longtemps que je ne suis pas coupable, face à la quantité écrasante de preuves qui a été rassemblée ; et parce que dans cette confession je parle uniquement des cas qui ont fait l'objet d'investigations – et pas des autres. J'espère que cela ne donnera pas lieu à des suppositions de ma culpabilité pour d'autres affaires.

Pour ceux qui sont enclins à penser ainsi, je dirai que les détectives ont passé toute ma vie au crible, un jour ou même un acte n'ont pas pu échapper à leur examen le plus strict, et de juger que je suis coupable de plus que ces cas qu'ils ont recensés est jeter le discrédit sur leur travail. Pendant une année, ils ont avancé pas à pas, avec minutie et acharnement, pour accumuler des preuves de ma culpabilité. J'ajoute qu'ils l'ont fait en toute impartialité. Mes remerciements et mes félicitations vont en particulier au procureur adjoint Barlow et au détective Frank Geyer et à O. La Forrest Perry, des assurances Fidelity Mutual Life Association de Philadelphie ; car c'est principalement en raison de l'acuité de leur jugement, de leur habileté et de leur persévérance, que dans quelques jours je serai pour toujours placé au-delà du pouvoir de commettre d'autres torts, peut-être, si possible, plus horribles encore. Assistée par de tels serviteurs, la justice ne pourrait plus commettre des erreurs et être dépeinte comme étant aveugle.

Je suis ému de faire cette confession pour diverses raisons, mais parmi celles-ci ne figure ni la bravade ni le désir de faire miroiter mes actes répréhensibles devant le regard sidéré du public. Je ne cherche nullement à me valoriser par la description détaillée de chacun de mes cas. Et après avoir dit cela, j'ai choisi de la rendre publique en le publiant dans *The Philadelphia Inquirer*.

Un mot sur les motifs ou causes qui m'ont conduit à commettre ces nombreux crimes et, par mes aveux, je vais procéder à la tâche la plus difficile et désagréable de ma vie, en présentant dans toute son horreur le récit de l'assassinat prémédité de vingt-sept êtres humains ainsi que les tentatives infructueuses de prendre la vie de six autres. Par ce récit, je vais être marqué du sceau de l'infâmie comme le criminel le plus détestable des temps modernes – une tâche si difficile et désagréable qu'à côté d'elle la certitude que, dans quelques jours, je serai pendu par le cou jusqu'à ce que mort s'ensuive me semble un passe-temps.

Depuis mon emprisonnement je suis convaincu d'avoir changé et j'éprouve beaucoup de regrets et d'horreur par rapport à ce que j'étais auparavant. Je suis devenu affecté d'une horrible maladie, rare mais terrible, dont les médecins sont familiers, mais sur laquelle ils n'ont aucune prise. C'est une malformation ou distorsion des parties osseuses… Ma tête et mon visage assument petit à petit une forme allongée. Je crois que je vais bientôt ressembler au diable – que la similitude est presque complète.

Je suis sous l'emprise d'une manie homicide, parfois motivée par l'appât du gain, Tous les criminologues qui m'ont examiné semblent être unanimes à ce sujet. Pourtant, il y a dix ans, j'ai été examiné sous toutes les coutures par quatre médecins comme étant mentalement et physiquement normal et en bonne santé. Aujourd'hui j'ai tous les attributs d'un dégénéré – d'un imbécile moral. Est-il possible que mes crimes, au lieu d'être le résultat de ces conditions anormales, soient en fait la cause de ma dégénérescence ?

Au moment de mon arrestation en 1894, aucun défaut n'a été détecté avec le système de mesures du criminologue Bertillon auquel j'ai été soumis, mais ces derniers mois ces défauts ont augmenté avec une rapidité surprenante. Comme je ne possède pas de miroir dans ma cellule, je ne remarque pas mon infirmité et je n'en souffre pas. Les principaux signes de dégénérescence sont une proéminence marquée d'un côté de mon crâne et une diminution correspondante de l'autre côté ; une déficience marquée de mon nez et d'une oreille ; une différence d'un pouce et demi dans la longueur de mes bras et un raccourcissement égal d'une jambe. La distorsion de mon visage et d'un œil est si poussée que le criminologue Hall Caine a décrit cette affection comme une ligne de criminalité profonde et diabolique alors que je portais une barbe pour essayer de la dissimuler. Un autre expert, employé par le gouvernement des États-Unis qui ne m'avait jamais vu auparavant a dit dans les trente secondes après son entrée dans ma cellule : « Je sais que vous êtes coupable. »

Dr Robert Leacock

Ma première victime est le Dr Robert Leacock de New Baltimore, Michigan, un ami et ancien camarade d'école. Je savais que sa vie était assurée pour une somme importante et après l'avoir attiré à Chicago, je l'ai tué en lui donnant une dose considérable de laudanum. Cette mise à mort, qui s'est produite en 1886, m'a rapporté quarante mille dollars. Plus tard, tel le tigre mangeur d'hommes de la jungle, dont l'appétit pour le sang s'éveille, j'ai parcouru le monde à la recherche d'autres personnes à détruire. Pensez à la terrible liste qui suit. Vingt-sept vies, hommes et femmes, jeunes filles et enfants innocents, effacés par la main d'un monstre, et vous, lecteur à la nature tendre et délicate, vous feriez bien de renoncer à continuer plus avant, car je ne vais rien vous épargner. À l'image du procureur à mon procès, vous pourrez alors vous écrier : « Que Dieu vienne en aide à un tel homme ! » Ne devrait-on pas plutôt dire : « Puisse-t-il être damné à tout jamais ! »

Dr Russell

Ma deuxième victime fut le Dr Russell, un locataire dans le bâtiment de Chicago récemment rebaptisé « Le Château ». Au cours d'une dispute concernant le non-paiement du loyer qui m'était dû, je l'ai frappé et envoyé au sol avec une lourde chaise. Il a poussé un cri à l'aide puis il a cessé de respirer. Je venais tout juste d'assassiner ma première victime lorsque cet incident s'est déroulé. Ma première intention a été de disposer du corps auprès d'un collège de médecine de Chicago, mais le laborantin que je connaissais m'a donné un autre contact. Je lui ai vendu le cadavre ainsi que plusieurs autres entre 25 et 45 dollars pièce afin de servir à des exercices de dissection.

Julia L. Connor et sa fille Pearl

La troisième mort a été la conséquence d'une opération criminelle. Un homme et une femme sont au courant et partiellement responsables de ce décès (NDA : Leurs identités restent anonymes). La victime est Mme Julia L. Connor. Et je décide de tuer la fillette Pearl car elle est en âge de témoigner à notre encontre, mais nous sommes trois à lui administrer le poison fatal.

Rodgers

Le cinquième meurtre, celui de Rodgers, de West Morgantown, Virginie, se produit en 1888. Pendant mon séjour dans cet État, j'apprends que cet homme a de l'argent et je lui propose une partie de pêche avec moi. Je l'assassine par un violent coup d'aviron à la tête. Le corps est découvert environ un mois plus tard. Je n'ai jamais été soupçonné de ce crime avant mon procès.

Charles Cole

Le sixième cas est celui de Charles Cole, un spéculateur du Sud. Après une longue correspondance, il vient me rendre visite à Chicago, au Château. Pendant que nous conversons, un complice confédéré lui assène un coup si violent avec un morceau de tuyau à gaz qu'il lui brise le crâne en mille morceaux. Impossible pour moi de revendre le cadavre vu l'état de sa tête écrabouillée.

Lizzie

Une domestique, nommée Lizzie, fut la septième victime. Elle travaille un temps comme aide-cuisinière au Château et j'ai vite appris que Quinlan lui accordait une attention trop proche. J'ai eu peur qu'il quitte mon service avec elle et qu'il lui fasse des confidences. Pat Quinlan a d'abord débuté comme concierge dans mon immeuble avant de devenir mon homme à tout faire et mon confident. J'ai pensé qu'il était plus sage de mettre fin à la vie de la fille. Je l'ai fait venir dans mon bureau pour l'étrangler dans la crypte dont tout le monde a beaucoup parlé. Elle est la première victime à y décéder. Avant sa mort, je l'ai obligée à écrire des lettres à ses proches et à Quinlan où elle affirme son intention de quitter Chicago pour un État de l'Ouest, et qu'elle ne reviendrait pas.

Mme Sarah Cook, son enfant à naître, et Mlle Mary Haracamp

Les huitième, neuvième et dixième cas sont Mme Sarah Cook, son enfant à naître, et Mlle Mary Haracamp, de Hamilton, Canada. En 1888, M. Frank Cook devint un locataire au Château. Il épousa une jeune femme en ma présence, leur union étant consacrée par le révérend Dr Taylor, d'Englewood, Illinois. Ils sont restés au Château. Peu de temps après Mlle Mary Haracamp, de Hamilton, une nièce de Mme Sarah Cook, vint à Chicago pour entrer à mon service en tant que sténographe. Mais Mme Cook et sa nièce avaient accès à toutes les pièces grâce à une clef passe-partout et un soir, alors que j'étais occupé à préparer ma dernière victime, la porte s'ouvre brusquement et elles me voient en pleine action. Je n'eus pas le temps de chercher une quelconque explication et je me décidai à contrecœur de les tuer dans cette même crypte. Là aussi, je fis écrire par Sarah Cook une lettre pour informer son mari qu'elle en avait assez de leur vie commune et qu'elles quittaient Chicago pour ne plus y revenir. Ce furent des morts particulièrement tristes, à la fois parce que les victimes étaient des femmes exceptionnellement droites et vertueuses, et aussi parce que Mme Sarah Cook serait bientôt devenue mère.

Emmeline Cigrand

Peu après, Mlle Emmeline Cigrand, de Dwight, Illinois, m'a été envoyée par une entreprise de machines à écrire de Chicago pour combler l'absence de la sténographe. Elle y avait fait connaissance d'un homme qui lui rendait visite de temps en temps. Fiancée, elle accepta sa proposition de mariage. Cette nouvelle me fut très désagréable, à la fois parce que Mlle Cigrand était devenue presque indispensable dans mon travail de bureau et parce qu'elle était devenue ma maîtresse. J'ai tenté à plusieurs reprises de prendre la vie de ce jeune homme mais au vu de mes échecs, j'ai finalement résolu de la tuer. Lorsqu'elle vint me donner son congé, je lui demandai d'entrer dans la crypte pour y prendre des papiers pour moi. Je lui fis écrire une lettre à son fiancé où elle lui annonçait l'annulation de leur union. En échange, je lui promis de vivre avec elle dans une autre ville en tant que mari et femme. Elle se préparait à quitter la crypte après avoir terminé son courrier lorsqu'elle se rendit compte que la porte ne s'ouvrirait plus jamais tant qu'elle n'aurait pas cessé d'agoniser des lentes souffrances qui l'attendaient.

Tentatives de 5 meurtres qui auraient pu élever le total à 33

J'échouai dans ma tentative de gagner 90 dollars pour trois jeunes femmes qui travaillaient dans mon restaurant sur Milwaukee Avenue, Chicago. J'ai tenté de les chloroformer toutes les trois en même temps, ce qui fut une erreur. En combinant leurs efforts elles m'ont repoussé pour s'enfuir en hurlant dans la rue, vêtues de leurs chemises de nuit. Je fus arrêté le jour suivant, mais sans être poursuivi. On peut y ajouter ma tentative de prendre les vies de Mme Pitezel et de deux de ses enfants à une date ultérieure, ce qui monte le nombre total de mes victimes à 33, au lieu de 27.

Rosine Van Jassand

Ma tentative suivante fut couronnée de succès. La victime fut une très belle jeune femme nommée Rosine Van Jassand, que j'ai convaincue de me rendre visite dans mon magasin de fruits et confiseries, et, une fois en mon pouvoir, je l'ai forcée à vivre avec moi pour un temps. Je l'ai menacée de mort si jamais elle apparaissait devant un client. Un peu plus tard, je l'ai empoisonnée avec du ferrocyanure de potassium. Vu l'emplacement du magasin, il était risqué de la transporter dans une grande boîte et j'ai donc enterré ses restes dans le sous-sol qui me servait de réserve.

Robert Latimer

Robert Latimer, mon concierge au Château depuis de nombreuses années, fut ma victime suivante. Il avait eu connaissance de plusieurs fraudes à l'assurance avant que je ne me mette à tuer et il a voulu me faire chanter. Pour toute récompense, il a scellé sa propre mort et la revente de son cadavre à une école de médecine. Je l'ai enfermé dans la crypte secrète afin de le laisser mourir de faim et de soif. Au bout de quelques jours, j'en ai eu assez d'entendre ses supplications et j'ai mis un terme à son existence en libérant du gaz dans la pièce. Je me suis rendu compte qu'il avait tenté d'arracher les briques et le mortier dans un des murs.

Anna Betts

Le quatorzième cas est celui de Mlle Anna Betts où j'ai échangé une substance toxique mortelle dans une ordonnance qu'elle a prescrite dans ma pharmacie. Comme on me connaissait comme médecin, on me demanda d'être présent pour signer le certificat de décès.

Gertrude Conner

La mort de Mlle Gertrude Conner, de Muscatine, Iowa, n'est pas la suivante dans l'ordre de mes crimes mais sa mort est tellement similaire à la précédente que la description des détails pour l'une suffit pour l'autre. Seule exception, Mlle Conner fut obligée de quitter Chicago sur-le-champ et son décès ne fut déclaré qu'un mois plus tard à son domicile de Muscatine. Ces deux affaires montrent avec clarté le peu de cas que j'avais pour la vie de mes semblables.

Mlle Kate ——

Le seizième meurtre est celui de Mlle Kate ——, d'Omaha, une jeune femme possédant un bien immobilier très précieux à Chicago, où j'ai agi comme son agent. Je suis parvenu à la convaincre de le vendre, ce que je fis. Elle vint à Chicago où je lui donnai l'argent en échange d'un reçu pour me couvrir en cas de futures investigations. Je lui ai proposé une visite de mes bureaux et, une fois entrée dans la crypte, elle n'en ressortit plus jamais de son vivant. Ses cris de colère puis ses supplications de me proposer la totalité des 40 000 dollars, ainsi que ses prières, restent un terrible souvenir pour moi. On m'a aussi soupçonné d'avoir assassiné une sœur de Miss Kate, ce que je nie avec fermeté.

Wade Warner

La mort suivante fut celle d'un homme nommé Warner, créateur de la Warner Glass Bending Company, et là encore une très forte somme d'argent a été réalisée, déposée avant sa mort dans deux banques de Chicago. J'ai falsifié les chèques en rajoutant le mot mille et les chiffres nécessaires. On se souviendra qu'au moment de mon arrestation les restes d'un grand four en briques résistantes au feu furent mis à jour dans le sous-sol du Château. Il a été construit sous la supervision de M. Warner pour servir de démonstration à la vente de ses brevets. Lorsqu'on y injectait un jet d'huile brute avec de la vapeur, la chaleur y devenait si intense en moins d'une minute que même le fer fondait. J'ai emmené M. Warner avec moi dans le four, sous le prétexte d'obtenir quelques explications supplémentaires sur le processus. Je l'ai laissé avec l'excuse de chercher quelques outils avant de refermer la porte et d'enclencher l'allumage à la puissance maximum. Au bout de quelques heures, j'ai constaté qu'il ne restait même plus les os. Le manteau trouvé à l'extérieur du four était celui qu'il avait enlevé avant d'y entrer.

Rodgers

En 1891, je me suis associé en affaires avec un jeune Anglais qui avait le don de pouvoir manipuler des titres immobiliers que nous détenions afin de nous assurer une bonne note commerciale. Il était aussi en mesure d'intéresser certains investisseurs britanniques dans toutes sortes de brevets. Par un événement imprévu, notre classement commercial fut mis à bas et il devint nécessaire de lever aussitôt une somme importante. Mon partenaire attira à Chicago un riche banquier appelé Rodgers, issu du nord du Wisconsin. Le faire entrer dans le Château et dans la salle secrète sous le prétexte d'y examiner nos brevets fut aisé. Par contre, il refusa de signer les chèques, pour une valeur de 70000 dollars, que nous avions préparés. Il se plia à notre volonté lorsque nous l'avons affamé et rendu nauséeux avec du gaz. Je demandai à mon associé de lui administrer le chloroforme pour le tuer et je me chargeai de revendre le cadavre au corps médical. Nous avons partagé la somme en deux et, le soir même, mon partenaire se rendit à Palmer House pour y jouer aux cartes avec trois autres personnes. De retour le lendemain matin, il me demanda de lui prêter 100 dollars pour récupérer sa montre et différentes affaires qu'il avait laissées en gages dans la salle de jeux.

Tant de choses ont déjà été écrites sur mes propres extravagances et mauvaises méthodes de vie que j'ai peu à ajouter à ce que les détectives ont déjà souligné. Lors de mon arrestation, je n'avais plus que fort peu d'argent car mon train de vie me forçait à dépenser plus de dix mille dollars par mois.

Victime inconnue

Le dix-neuvième cas est celui d'une femme dont le nom m'échappe et qui est venue au restaurant du Château. Cette veuve très riche a attiré l'attention d'un de mes locataires qui lui fit la cour, bien qu'étant marié. Les disputes furent fréquentes au sein du couple, certaines se déroulèrent même au sein de mon établissement. Finalement, il vint me voir pour un conseil. Je lui ai suggéré de venir vivre avec cette femme au Château pendant un certain temps. Ensuite, nous pourrions la tuer et diviser ses biens en deux. Peu de temps après, il me suggéra qu'il était temps de mettre fin à la vie de sa compagne. Nous le fîmes ensemble, j'administrai le chloroforme pendant qu'il la contrôlait car elle se débattait avec violence. C'est le corps de cette femme, dans la longue boîte en forme de cercueil, qui fut emmené hors du Château en 1893, et dont la police fut informée par plusieurs témoignages.

Les sœurs Williams

Les sœurs Williams viennent ensuite. J'ai rencontré Mlle Minnie R. Williams à New York en 1888, où elle m'a connu comme « Edward Hatch » et plus tard sous le même nom à Denver, comme en ont témoigné certaines jeunes femmes qui ont reconnu ma photographie. Au début de 1893, je lui ai encore été présenté comme « H.H. Holmes » dans le bureau de Campbell & Dowd, de Chicago, à qui elle avait soumis une demande pour un poste de sténographe. Peu de temps après être entrée à mon service, je l'ai amenée à me donner 2500 dollars en argent liquide et à me transférer par acte 50000 dollars de biens immobiliers du Sud, et à vivre comme ma femme. Tout cela fut simple à réaliser en raison de sa nature innocente, semblable à celle d'une enfant. Par la suite, j'ai réussi à lui soutirer deux chèques de 2500 et 1000 dollars et j'ai aussi appris qu'elle avait une sœur au Texas, Nannie, qui était héritière de certaines propriétés. J'ai manœuvré Minnie pour la faire venir à Chicago. À son arrivée je l'ai emmenée au Château, lui disant que sa sœur l'y attendait. Il me fut facile de l'obliger à m'attribuer tous ses biens.

Après, je l'ai tuée sur-le-champ pour que personne dans le Château ne sache qu'elle s'y trouvait. C'est son empreinte du pied qui est imprimée sur la surface peinte de la porte de la crypte car elle s'est beaucoup débattue avant de décéder. Ayant obtenu tout l'argent et les biens de Mlle Minnie Williams, il était temps pour moi de m'en débarrasser à son tour. En raison d'un incendie au Château, je dus renoncer à utiliser la crypte. Après un certain retard, je l'ai emmenée à Momence, Illinois, vers le 15 novembre 1893. Nous nous sommes inscrits dans un hôtel sous un nom d'emprunt, mais comme un couple légitime. Je l'ai emmenée à l'est de Momence sur une ligne de fret peu utilisée, à environ douze kilomètres du centre ville, pour mettre fin à ses jours avec un poison. J'ai enterré le corps dans le sous-sol de la maison citée au moment de la découverte d'Irvington en 1895. C'est un vrai miracle que le corps ne soit pas trouvé à l'époque si les détectives sont allés réellement à cet endroit. Au moment où j'écris ces lignes, je suis heureux de savoir qu'elle a pu bénéficier d'un enterrement, d'autant plus qu'une fois arrêté, j'ai essayé de noircir son honorable réputation en l'accusant de la mort de sa sœur. Pour toutes ces raisons, c'est sans exception le plus triste et le plus odieux de mes crimes.

L'Homme oublié de Chicago

Un homme venu à Chicago pour assister à l'Exposition Universelle mais dont je ne me rappelle pas le nom fut ma victime suivante. J'ai décidé d'utiliser cet homme dans mes diverses transactions commerciales, ce que j'ai fait un certain temps, jusqu'à ce que je découvre qu'il n'avait pas les compétences requises et que je prenne donc la décision de le tuer. Ceci réglé, je ne vendis pas le cadavre auprès de mon contact de l'école de médecine car je n'avais plus aucun lien avec lui depuis longtemps, j'ai enterré le corps dans le sous-sol de la maison que je possédais autrefois près de la soixante-quatorzième rue et d'Honore, à Chicago. Lors des fouilles effectuées après mes aveux, le corps sera découvert. Après la mort de Mlle Williams, j'ai trouvé parmi ses papiers une police d'assurance faite en sa faveur par son frère, Baldwin Williams, de Leadville, Colorado. Je suis donc allé dans cette ville au début de 1894 et, après l'avoir trouvé, je l'ai tué par balles, en faisant croire que je l'avais fait en légitime défense. Grâce à des faux en écriture, je pus récupérer 1000 et 2500 dollars auprès de John M. Maxwell, de Leadville, l'administrateur du patrimoine Williams et I.R. Hitt & Co. Les héritiers de Williams peuvent maintenant récupérer ces montants.

Benjamin F. Pitezel

Benjamin F. Pitezel vient ensuite. Dès le début de notre association, j'ai eu l'intention de le tuer, sans savoir qu'il avait une épouse et des enfants. Je gagnai sa confiance en plaçant de grandes quantités de biens en son nom. Nous avons voyagé ensemble vers New York et plus tard Philadelphie, où la maison fatale, sur Callowhill Street, dans laquelle il décédera le 2 septembre 1894, fut louée. Ensuite, je lui ai écrit des lettres décourageantes au nom de son épouse, le menant à recommencer à boire. Puis l'attente, jour après jour, jusqu'à ce que je sois sûr de le trouver dans une stupeur alcoolique à midi. Ce fut une affaire facile, car je connaissais ses habitudes. Je me suis rendu à la maison, j'ai déverrouillé tranquillement la porte et me suis introduit sans bruit à l'intérieur jusqu'à la chambre du deuxième étage, où je l'ai trouvé ivre, comme je l'avais prévu.

Une seule difficulté s'est présentée. Il était nécessaire pour moi de le tuer de telle manière qu'aucune trace de lutte ne soit apparente sur son corps. J'ai surmonté cette difficulté en lui attachant d'abord les mains et les pieds pour ensuite le brûler vif en saturant ses vêtements et son visage avec de l'essence que j'ai allumée. Le moins que je puisse faire c'est d'épargner au lecteur le récit des cris de la victime demandant pitié, ses prières et, enfin, son plaidoyer pour une fin plus rapide de ses souffrances, tout cela n'ayant pas le moindre effet sur ma détermination. Une fois mort, j'ai enlevé les sangles et cordes et éteint les flammes. Un peu plus tard, j'ai versé une once et demie de chloroforme dans son estomac. Pourquoi agir de la sorte, me direz-vous ? Je savais qu'il y aurait un examen post-mortem et le médecin légiste serait fondé à déclarer un décès accidentel, causé par l'explosion d'un produit de nettoyage, composé d'essence et de chloroforme. Après sa mort, j'ai rassemblé divers brevets et actes de propriété que j'avais pris soin de lui faire signer quelques jours auparavant, pour ne subir aucune perte financière. J'ai également écrit le message codé trouvé par la compagnie d'assurance parmi mes documents après mon arrestation, en imitant son écriture. J'ai ensuite quitté la maison sans le moindre sentiment de remords pour mes terribles actes.

Pendant un mois et six jours, je n'ai pris aucune autre vie humaine, mais trois semaines après la mort de Pitezel une occasion me permit de satisfaire ma luxure enfiévrée pour le sang en allant au cimetière où il était enterré, j'ai prélevé certaines parties de son corps avec un couteau.

Howard Pitezel

La tragédie d'Irvington, Indiana, vient ensuite. Le 1er octobre 1894, j'ai emmené les trois enfants Pitezel dans la Maison du Cercle à Indianapolis, où je les ai mis en pension complète jusqu'au moment où je pourrais tuer un ou plusieurs d'entre eux. Ce jour-là je suis allé à St. Louis pour régler un problème d'assurance. Le 7 octobre, je suis passé à la pharmacie d'Irvington où j'ai acheté les médicaments dont j'avais besoin pour tuer le garçon et, le même soir, je suis de nouveau allé au même magasin pour en acheter un lot supplémentaire, car je craignais de ne pas avoir obtenu une quantité suffisante lors de ma première visite. Mon étape suivante fut de trouver les meubles pour la maison que je voulais louer sur place pour y assassiner le garçon. Le 8, tôt dans la matinée, je suis allé chez le rémouleur pour récupérer les longs couteaux qu'il avait aiguisés. Le 10 octobre, on m'a livré la malle du garçon et un poêle : ils sont arrivés vers dix-neuf heures. Un peu plus tard, j'ai insisté pour qu'il se couche tout de suite, lui donnant d'abord la dose fatale de poison. Dès qu'il cesse de respirer, je découpe son corps en morceaux pour qu'ils passent par la porte du poêle. Avec du gaz et des épis de maïs, je commençai à le brûler avec aussi peu de sentiment que s'il s'agissait d'un quelconque objet. Cet enfant ne m'avait jamais causé le moindre tort et il était toujours poli. Et dire que j'ai commis ce crime et tous les autres pour le simple plaisir de tuer mes semblables, d'entendre leurs cris et leurs supplications de leur accorder assez de temps pour prier et se préparer à la mort – tout cela est maintenant trop horrible, même pour moi, criminel endurci que je suis, à revivre sans frémir. Depuis mon arrestation, il n'est pas étonnant que mes jours et mes nuits sans sommeil soient hantés par le souvenir de mes actes monstrueux. Ma transformation physique pour épouser la forme du Malin n'est-elle pas aussi un signe ?

Après avoir fini la crémation de ma victime, j'ai creusé un trou pour y enterrer les débris. Puis, après avoir nettoyé le sang et brûlé le contenu de la malle, je suis allé au bureau de Powell & Harter, à Indianapolis, pour mon courrier ; de là à l'hôtel pour les deux autres enfants, que j'ai emmenés à Chicago.

Alice et Nellie Pitezel

Maintenant, avec beaucoup de réticence, j'en viens à la discussion des vingt-sixième et vingt-septième meurtres. Les victimes furent Alice et Nellie Pitezel, dont les morts sembleront à beaucoup les plus tristes de toutes par la manière terrible et sans cœur avec laquelle ce fut accompli. J'ai emmené les enfants à Toronto le 19 octobre où ils sont restés à l'hôtel Albion jusqu'à ce qu'ils soient tués. Le 20 octobre j'ai loué la maison de la rue Vincent avec un bail établi au nom de « H.M. Howard », afin d'éviter les soupçons autant que possible au cas où une enquête suivrait. Entre dix-sept et dix-huit heures ce même jour j'ai amené une grande malle vide dans la maison puis j'ai passé le lendemain à Niagara Falls. Le 22, j'ai acheté des meubles, le poêle et la literie, et le 23, les enfants sont allés à la maison pour quelques heures. Le 25, le jour fatal, ils m'ont accompagné dans plusieurs magasins de vêtements et à seize heures, pendant qu'ils étaient dans un restaurant à proximité, je suis entré dans un grand magasin où je pensais rencontrer Mme Pitezel, en tenant entre mes mains quelques sous-vêtements épais d'hiver que j'avais achetés pour le petit garçon déjà décédé. De cette rencontre, Mme Pitezel a déclaré : « Je crois que mes enfants étaient à cette époque dans ce magasin avec moi. »

Je les emmenai immédiatement dans la maison de la rue Vincent et les obligeai à entrer toutes les deux dans la grande malle où j'avais fait une petite ouverture dans le couvercle. Je les ai laissées ainsi jusqu'à ce que je puisse revenir à mon gré pour les tuer. À dix-sept heures, j'empruntai la pelle d'un voisin pour ensuite rendre visite à Mme Pitezel à son hôtel. Je suis ensuite retourné à mon hôtel pour y dîner, et à dix-neuf heures je suis allé de nouveau à l'hôtel de Mme Pitezel afin de l'aider à quitter Toronto pour Ogdensburg, dans l'État de New York. Après vingt heures, je revins à la maison où les enfants étaient emprisonnées et je mis fin à leurs jours en connectant le gaz à la malle. Une fois mortes, ce fut l'ouverture de la malle et la vue de leurs petits visages noircis et déformés. Ensuite vint l'étape de la préparation de leurs tombes peu profondes dans la cave, le déshabillage de leurs vêtements et l'enfouissement de leurs corps dénudés. J'ai ensuite répandu de la terre froide pour seul linceul avec un délice malfaisant. Considérez donc l'horreur d'un tel acte ! Deux petites filles innocentes et sans défense, la plus âgée n'ayant que treize ans, une enfant insignifiante et malade, qui faisait beaucoup plus jeune que son âge. Imaginez que les huit années précédentes, j'ai été presque autant un père pour elles que si elles avaient été mes propres enfants. Il y a peu à ajouter. Le lendemain j'ai brûlé les vêtements des enfants puis je me suis reposé de ma terrible nuit de labeur, et, le 27, j'ai appelé un convoyeur et fait retirer la malle de la maison. Après avoir donné les clefs à un voisin, je suis parti pour ne jamais revenir.

De Toronto, je suis allé à Ogdensburg puis à Burlington, dans le Vermont, où j'ai loué une maison meublée pour l'usage de Mme Pitezel. Quelques jours avant mon arrestation à Boston, je lui ai écrit une lettre dans laquelle je lui ai demandé de déplacer une bouteille de dynamite que j'avais laissée au sous-sol, piégée de façon qu'en la portant au troisième étage de la maison, elle tombe de ses mains pour exploser, et qu'elle détruise non seulement son existence, mais aussi celles de ses deux enfants restants, qui je le savais seraient avec elle à ce moment. Ceci fut mon dernier acte, qui, heureusement, n'eut pas d'issue fatale. Les dix-huit mois suivants je les ai passés en cellule à l'isolement, et, dans quelques jours, je serai conduit à ma mort. Cela semblerait être le moment approprié pour moi d'exprimer ici des regrets ou des remords dans ce que j'entends être ma dernière intervention publique pour ces événements irréparables. Imaginer qu'il puisse y avoir place pour de tels sentiments au sein d'une nature aussi dépravée que la mienne est, je le crains, s'attendre à quelque chose d'inimaginable. Je ne peux au moins, et c'est même le minimum, que vous inviter à me blâmer ouvertement pour mes agissements.

Signé H.H Holmes

Philadelphia County Prison, mercredi 9 avril 1896.

L'ÉVENTREUR DE GAINESVILLE[1]

Danny Rolling

Août 1990. La charmante cité universitaire de Gainesville en Floride est alors considérée comme l'une des vingt villes les plus agréables à habiter aux États-Unis. Pourtant, tous les médias font leur une sur l'atmosphère de terreur qui y règne. En l'espace de deux semaines à peine, cinq étudiantes sont violées, mutilées et assassinées, ce qui entraîne le départ de plusieurs milliers de personnes qui quittent le campus. C'est l'œuvre macabre de celui qu'on surnomme « L'Éventreur de Gainesville » (« The Gainesville Ripper »). Voici comment le serial killer raconte son odyssée meurtrière, à la première et parfois à la troisième personne :

« Pourquoi Gainesville ? C'est une question que je me suis souvent posée. Danny ou Ennad ne souhaitait causer aucun tort à cette ville, sauf de braquer cette banque. Je ne connaissais même pas son existence avant l'été 1990.

« Je suis guidé par les vents qui se lèvent au coucher du soleil lorsque l'appel de la nuit se fait sentir. Les

1. Pour ce chapitre consacré à Danny Rolling, je me suis appuyé sur mes travaux antérieurs que j'ai augmentés des confessions inédites du serial killer.

esprits chuchotent à leurs amants, ceux qui peuvent entendre leurs chuchotements. Et ils m'appelaient.

« Viens Danny...

« Viens danser avec moi...

« Les esprits de la nuit me prenaient par la main pour que je les suive au son hypnotique des criquets et du vent qui murmure à travers les feuilles mortes des chênes centenaires.

« À travers la nuit ténébreuse...

« Où tu retiens ton souffle à cause de la terreur qui t'envahit...

« C'est le destin qui a guidé mes pas vers Gainesville. Que Dieu soit mon juge, j'y ai été poussé. Pourquoi ai-je fait tout ça ? Une revanche à prendre sur la société pour une enfance pourrie, un mariage raté et tous les abus subis dans le système carcéral. Je sais, je sais, vous allez me dire, il se cherche des excuses. Cela y ressemble, mais c'est comme ça.

« Vous croyez que c'est facile de me mettre à nu ainsi ? Pourquoi, Danny ? Pourquoi as-tu tué ces belles personnes ? Je l'exprime du mieux possible : les Forces Obscures qui gouvernent ce monde poussent les hommes vers leur destinée, et j'ai été possédé par les forces de l'Enfer.

« Le 19 août 1990 est la première nuit que je passai à Gainesville. Je me souviens avoir roulé un joint sur l'évier de la salle de bains de ma chambre à l'University Inn, et je le fumai en regardant le miroir. C'est là que j'ai su que ça allait se passer. Mais je n'avais aucune idée de l'ampleur que ça prendrait.

« J'ai vu mon double maléfique, Gémini, qui m'examinait, le sourire aux lèvres. Il a prononcé un seul mot : sang. À partir de cet instant, Gémini est devenu l'esprit dominateur et Danny a perdu le contrôle. »

Il est 16 heures, le 26 août 1990, lorsque l'officier de police Ray Barber se rend aux Williamsburg Village Apartments où des parents anxieux sont sans nouvelles de leur fille de 17 ans, Christina Powell. Circonstance aggravante, sa colocataire également âgée de 17 ans, Sonja Larson, ne répond pas non plus aux appels de ses proches. Quand il ouvre la porte, Barber est assailli par une odeur trop familière, il sait que la mort l'attend dans ce duplex. Mais rien ne l'a préparé à la vision d'horreur de ces deux jeunes femmes dénudées, mutilées sexuellement, et positionnées de manière grotesque et cruelle par l'assassin. L'une est allongée sur un lit, les bras au-dessus de la tête, l'autre se trouve au bas de l'escalier du duplex.

« C'était du meurtre et du viol – du viol et du meurtre dès le départ. Gémini était le maître du jeu lors de cette nuit fatale… et Danny le suiveur. L'esprit de Gémini se focalise uniquement sur la tâche de détruire la merveilleuse création de Dieu, parce que nous pouvons sentir l'Amour du Seigneur… ce qui est impossible pour les Pouvoirs des Ténèbres. »

Plus d'une vingtaine de policiers du Gainesville Police Department et du bureau du shérif d'Alachua sont bientôt sur place. Parmi eux, Gail Barber, policière comme son mari Ray qui a trouvé les corps. Mais Gail doit bientôt quitter les lieux car elle est de permanence au bureau du shérif du comté d'Alachua. Il est minuit passé et l'employée des archives Christa Leigh Hoyt, 18 ans, n'est pas à son poste. Son absence est inhabituelle et elle ne répond pas au téléphone. Gail Barber, qui connaît bien sa collègue, décide de se rendre à son domicile pour en avoir le cœur net. Pas de réponse lorsqu'elle frappe à la porte et pourtant le véhicule de Christa est garé devant l'immeuble. Par une fenêtre de l'appartement, Gail Barber aperçoit ce qui semble être un corps nu assis sur le coin du lit. Sa lampe torche révèle que celui-ci est penché en avant, avec une flaque de sang entre les pieds chaussés. Le cadavre de cette femme n'a pas de tête. Celle-ci a été posée sur le rayonnage d'une bibliothèque de la chambre à coucher. Les seins de Christa Hoyt ont été tranchés et placés sur le lit, près de son cadavre décapité. Il est alors une heure du matin en ce lundi 27 août 1990.

« Il est un peu plus de 22 h 15 et il attend dans l'appartement marqué M de la 34e Rue où il a ouvert par effraction les portes coulissantes en verre. L'araignée a tissé sa toile. Alors que les minutes s'égrènent, le papillon s'approche de sa fatale destinée… Christa apparaît dans l'allée qui mène à son logement. Elle ignore ce qui l'attend tandis qu'il dégaine son couteau et le remet en place. Le danger est là qui patiente. Derrière… cette porte.

« Cela va être la fête !

« Maintenant… Attends et observe

« Qui est avec elle, Danny…

« Mais Christa est seule… Elle n'a jamais été aussi seule de toute son existence.

« L'homme enragé se presse dans l'alcôve qui a dû être une bibliothèque pour se confondre dans l'obscurité qui l'enveloppe.

« Un bruit de clef. La serrure s'enclenche. La porte s'ouvre.

« Christa entre, referme le battant derrière elle et dépose les clefs, la raquette de tennis et les balles sur une table basse.

« Elle frissonne et pressent que quelqu'un l'attend mais il est déjà trop tard. Elle pivote et l'Ombre bondit hors de sa cachette pour la saisir à la gorge.

« Aaaah ! hurle-t-elle tandis que la raquette, les balles et les clefs s'éparpillent sur le plancher.

« Elle est jetée à terre comme une serpillière, son assaillant par-dessus ! Il dégaine la lame mortelle avec sa main droite tandis qu'il étouffe ses cris de son autre main.

« "Tu as une seule chance ! Tu m'écoutes ? Une seule et unique chance ! Si tu fais comme je dis, tu vis – et si tu te débats, tu meurs !" Il colle le couteau à son visage. "Alors tu as choisi ?"

« Christa tente de reprendre son souffle mais elle a beaucoup de mal à respirer.

« "J'ai… mais… que voulez-vous ?"

« L'agresseur retire sa main.

«"Comment êtes-vous entré ?" Ses seules et dernières paroles.

«"T'occupes. Je t'ai observée."

« Il arrache le sparadrap collé à son bras gauche pour lui sceller les lèvres.

« Ensuite, il la retourne sur le ventre pour lui attacher les mains dans le dos et la remettre en place. Il fait une pause pour admirer sa prise et lui tripoter les seins sous la chemise.

« "Lève-toi !" Il la redresse par le bras pour l'emmener dans la chambre et la balancer sur le matelas à eau.

« C'est un cauchemar – juste un mauvais rêve – ah, mais non. C'est la réalité.

« "Assieds-toi !" Elle lui obéit.

« “Eh ben, t’es bien roulée, non ?” Et le psychopathe masqué lui caresse les cheveux de sa main gantée. Il se penche pour lui murmurer “Je vais te baiser, petite princesse.”

« La Main se promène le long de la joue, vers la nuque jusqu’à sa poitrine qu’il pince.

« “Pas mal du tout… Je me demande ce qui se cache là-dessous ? On va regarder.”

Le maniaque déchire son T-shirt avant de détacher le soutien-gorge.

« Deux seins parfaits, les aréoles dressées de terreur, qui s’offrent au prédateur. Il pince et presse, excité par ce qui va se produire.

« Une inspection lui révèle qu’un poil pousse près de l’aréole de son sein droit, l’unique défaut d’une poitrine parfaite.

« “Pourquoi tu ne retires pas tes poils ?” ricane le violeur. Il a touché un point sensible car des larmes apparaissent dans les yeux terrorisés de la captive.

« Intrigué, il penche la tête sur le côté et de sa main gantée il lui effleure la joue. Une seule larme salée brille au bout d’un doigt tel un arc-en-ciel qui déverse son trop-plein d’émotion. Il le porte à sa bouche pour goûter la honte et la terreur de sa victime.

« “Les larmes, c’est bien. Cela fait du bien de pleurer”, et Danny reprend conscience l’espace d’un instant.

« Le mauvais sort est brisé, il regarde autour de lui cette scène odieuse et il n’a qu’une envie, celle de s’enfuir au plus vite. Mais les Pouvoirs qui l’ont guidé sont trop forts. Ses différentes personnalités s’affrontent. Le Bien contre le Mal – qui va prendre le contrôle ?

« Encore une fois, c'est Danny qui perd la bataille lorsque GEMINI se pointe pour s'emparer du devant de la scène.

« Le Mal tire la damoiselle par les chevilles jusqu'au bord du lit. Il lui enlève ses tennis mais laisse les chaussettes. Puis, il lui retire avec difficulté son short. (...)

« Les Gants écartent les jambes.

« "C'est quoi ça ?" Un fil blanc pend de son vagin. Elle a ses règles.

« Un moment d'espoir brille dans ses yeux : "Peut-être va-t-il renoncer ? À cause de mes règles ?"

« Mais la Créature a lu dans ses pensées. Il tire sur la ficelle pour retirer le tampon souillé.

« "C'est encore mieux", s'exclame-t-il en agitant le tampon devant son visage. Il le jette par-dessus son épaule.

« "Il est temps de violer !"

« Il retire son pantalon et le laisse tomber sur le plancher avec son couteau. (...)

« Il se redresse pour enfiler son pantalon et il ramasse le couteau pour s'approcher de sa proie ravagée.

« Le plafonnier éclaire Christa qui sent ce qui va venir. Ensuite... le Mal envahit la chambre, comme des nuages sombres qui occupent tout l'espace.

« Danny est présent – mais il est un spectateur des actes de Gémini.

« Les rouages du cerveau de Danny tournent au ralenti. Il voit Christa retournée sur le ventre... la Lame s'élève... et plonge dans le dos. Mais il n'y a aucun bruit – seuls les flashs strosboscopiques d'images d'horreur qui s'impriment dans sa tête.

« La lame tranche l'artère fémorale et elle décède très vite. Dix secondes et sa vie s'évanouit, après quelques soubresauts.

« L'homme enlève les liens et la retourne sur le dos avant d'arracher le sparadrap de sa bouche gorgée de sang.

« Elle repose pour le fixer de ses yeux morts qui l'accusent. Ces yeux ! Il n'oubliera jamais comment ce regard le transperce. Il referme les paupières et se détourne.

« "Tu n'en as pas fini… Danny…"

« Le Démon ordonne :

"Il te reste du boulot…"

« Et le film d'horreur continue.

« Le Couteau plonge dans le ventre du cadavre juste au-dessus du pubis. Des intestins gris émergent.

« Le Couteau poursuit son travail de boucherie. Les deux seins sont tranchés. Ils sont placés à la perpendiculaire des boyaux qui sortent de l'abdomen.

« Le Démon est enfin satisfait. Le boucher rassemble ses affaires et quitte les lieux.

« Danny traverse la pelouse, enfourche la bicyclette pour fuir le plus vite possible. Il se sent mal. Son estomac se retourne, il éprouve le besoin de se vider.

« Il repère une maison vide et la contourne pour baisser son pantalon. Il s'accroche à la barrière et se soulage. Il ouvre son sac, prend un rouleau de papier-toilette et s'essuie, avant de reprendre la route.

« Sur Archer Road, il trouve une station essence avec sa boutique. Il a envie d'un soda. Sa gorge est sèche et il se sent assoiffé. Mais lorsqu'il fouille son sac, son portefeuille a disparu.

« Non ! Des lumières rouges s'allument dans son cerveau. Déjà en proie au trouble, il panique !

« "Qu'est-ce qu'il y a, mon gars ?" L'employé est frappé par l'état de son client.

« "Je crois que j'ai perdu mon portefeuille. Nom de Dieu !" Il part en trombe sur sa bicyclette.

« "L'ai-je laissé sur place ? Il est peut-être tombé lorsque j'ai pris le papier-toilette." Ses pensées tourbillonnent en vrille.

« "Oh, Enfer et Damnation !" Il refait tout le chemin en sens inverse.

« Une heure plus tard, Danny pénètre avec précaution dans l'appartement. L'odeur de la Mort l'accueille. Le corps ensanglanté repose là où il l'a laissé.

« En proie à la panique, il fouille les lieux avec sa lampe Mini-Mag. Mais le portefeuille demeure introuvable. Épuisé et dégoûté, il renonce à ses recherches et s'apprête à quitter les lieux.

« Depuis les ténèbres, la Chose se faufile pour se glisser dans son esprit, et il se retourne.

« "Danny... attends... Laisse-leur un souvenir..."

« Afin de libérer sa main, il tient le Mini-Mag avec sa bouche. Il dégaine sa lame et s'approche du cadavre.

« Il n'arrive pas à en croire ses yeux. Chose incroyable, impossible même, elle le fixe de son regard mort.

« "Je les ai refermés. Je... je sais que je l'ai fait ! Mais comment... ?"

« Le faisceau halogène se concentre sur l'image opaque d'yeux qui ne reflètent qu'une seule chose, la mort. Elle accuse avec froideur l'assassin.

« Danny pense que Christa va se redresser pour l'étrangler à cet instant ! Il veut à tout prix s'enfuir. Il n'a aucune envie de la toucher à nouveau. Mais... Gémini le force à rester :

« "Fais-le ! Danny... Coupe-lui la tête !"

« Le film d'horreur tourne au ralenti, image par image. Et les yeux Poignards se figent sur lui.

« Le Ka-Bar fait son œuvre, tranche les muscles, la chair et les artères tel un rasoir qui découpe le papier, jusqu'à ce que l'acier heurte la colonne vertébrale.

« Assoiffé de sang ! Le Démon zigzague à 360 degrés autour de la colonne.

« "Elle m'aime… Elle ne m'aime pas… Elle m'aime… Elle ne m'aime pas…"

« La tête bascule sur le plancher avec un bruit sourd !

« Il la ramasse par la chevelure et la positionne pour qu'elle fasse face à l'entrée de la chambre.

« La Folie est comme un disque rayé. La musique est tourmentée. Une fois que le volume est à fond… vous devenez fou à lier !

« "Le cadavre…

Le cadavre… Danny…

Laisse-leur de quoi les hanter toute leur existence…"

« Il se concentre pour soulever la masse inerte qui colle dans une mare de sang coagulé. Il a l'impression de manipuler un bloc d'argile.

« Il positionne le corps assis sur le bord du lit. Un jet de sang s'écoule à ses pieds là où il a tranché le sein.

« Les bras sont placés sur les jambes écartées pour ressembler à la célèbre statue du "Penseur" de Rodin.

« Une grotesque réplique sculptée dans la chair et l'os, son créateur est l'avocat du diable… GEMINI.

« Danny quitte l'appartement M, troublé au plus profond de lui-même, vide de toute émotion. Il est épuisé, son cerveau tourne à vide, proche de la folie. »

Dès le début, les enquêteurs font le lien entre ces trois meurtres. À chaque fois, l'assassin s'est servi d'un couteau à longue lame, de sparadrap pour ligoter les victimes qui ont été mutilées et le rituel macabre est identique, avec une volonté systématique de choquer les témoins. L'assassin est aussi parti en emportant des trophées, à la fois des sous-vêtements et des parties du corps de ses trois victimes. Les corps ont été lavés avec du savon liquide.

Le lendemain, le mardi 27 août 1990, la panique atteint son comble avec la découverte d'un nouveau double meurtre. Cette fois-ci, il s'agit d'un couple de 23 ans, Manuel Taboada et Tracy Inez Paules, qui sont tombés sous les coups de l'Éventreur de Gainesville. Autre différence, l'assassin n'a pas commis de mutilations sexuelles, peut-être a-t-il eu peur que la lutte acharnée avec l'athlétique Manuel Taboada, 1m90 et 100 kilos, attire l'attention des voisins de cet immeuble des « Gatorwood Apartments ». L'enquête de voisinage permet tout de suite d'identifier un ex-locataire connu pour des actes de violence et d'exhibitionnisme. Edward Humphrey possède aussi un couteau qu'il dégaine facilement quand il se bagarre. Bien qu'identifié comme le suspect numéro un par les médias et la police, les enquêteurs sont incapables de trouver une preuve matérielle qui le lie aux cinq crimes. Incarcéré pour avoir frappé sa grand-mère, Humphrey est condamné en octobre 1990 à 22 mois d'enfermement dans un hôpital psychiatrique. Il est libéré le 18 septembre 1991 mais toujours suspecté par les autorités jusqu'à la condamnation du véritable assassin en 1994.

Pendant que les policiers se focalisent sur Edward Humphrey, un SDF, Danny Harold Rolling, attire l'attention d'une patrouille qui l'a vu en train de se procurer de la drogue. Rolling s'enfuit à travers les bois qui bordent Gainesville mais deux inspecteurs découvrent son campement de fortune près d'Archer Road, non loin de l'immeuble où Christa Hoyt a été tuée. Sous la tente, ils repèrent des objets qui permettront de lier Rolling aux cinq meurtres, mais n'y prêtent guère attention et se focalisent sur un sac rempli de billets de banque, le butin d'un braquage commis le jour précédent à la First Union National Bank. Quelques heures plus tard, Danny Rolling s'enfuit à bord d'une voiture volée en direction de Tampa où il commet plusieurs cambriolages, tout en laissant de nombreux indices, tels que des empreintes digitales et des cheveux. Son errance se poursuit à Ocala où il tente le braquage à main armée d'un supermarché le 8 septembre 1990. Mais celui-ci échoue et Rolling est arrêté.

Alors qu'il est sous les verrous, la police de Shreveport, en Louisiane, contacte celle de Gainesville. Des enquêteurs ont noté les similitudes qui existent entre les assassinats de Gainesville et un triple homicide perpétué à Shreveport en novembre 1989. Un mandat d'arrêt pour Danny Harold Rolling a été émis en mai 1990 pour une tentative de meurtre sur son père. L'absence de communication entre services de police est frappante car le tueur de Shreveport a nettoyé l'une des victimes – une femme – avec du savon liquide et l'a placée dans une posture grotesque, à l'image de ce qui s'est passé à Gainesville. Le mode opératoire du tueur de Shreveport et son rituel sont identiques à ceux de l'Éventreur de Gainesville, selon un rapport du FBI.

Début 1991, les enquêteurs examinent les possessions découvertes sous la tente de Danny Rolling. Son tournevis est la copie conforme de celui qui a servi pour fracturer les appartements de Gainesville, un poil pubien appartient à Christa Hoyt, son ADN est retrouvé sur les trois scènes de crime et une cassette audio contient un message qui fait froid dans le dos : « C'est Danny Harold Rolling sous les étoiles cette nuit. Je vous abandonne car j'ai du boulot à faire. » Le passé du tueur présumé émerge dans la presse. Enfant, il est victime d'abus répétés de la part de son père tandis que sa mère laisse faire ; adolescent, il quitte l'école très tôt pour des problèmes de violence. Il est renvoyé de l'Armée de l'air à cause de l'alcool et de la drogue. Pendant qu'il est marié, il est arrêté pour des faits d'exhibitionnisme. Rolling passe huit ans derrière les barreaux pour différents braquages avant de quitter la Louisiane pour la Floride après sa tentative de parricide.

En septembre 1991, il est condamné à la perpétuité pour ses braquages à main armée et les nombreux cambriolages commis en Floride. Dans l'attente de son procès pour les meurtres de Gainesville, Danny Rolling effectue plusieurs tentatives de suicide. Transféré à Florida State Prison, il passe son temps à peindre et à écrire et il entame une correspondance enflammée avec Sondra London, l'ex-petite amie du serial killer Gerard Schaefer et éditrice de textes de nombreux autres tueurs en série. Lors d'une audience devant le tribunal, Rolling se met à chanter pour proclamer son amour à Sondra London. Rolling et London écrivent ensemble *The Making of a Serial Killer*, l'autobiographie du tueur qui est illustrée par ses propres dessins. Le 31 janvier 1993, Danny Rolling reconnaît être l'auteur des meurtres de Gainesville et de Shreveport, mais il avoue indirectement, par l'entremise de son codétenu Bobby Lewis. Son envie de tuer est née de son incarcération au milieu des années 80. Le tueur en série rend son père responsable de sa carrière criminelle et il affirme que c'est son double maléfique, qu'il appelle « Gémini », qui a commis les meurtres. Or « Gémini » est le nom du serial killer fictif de *L'Exorciste III* que Rolling a vu pendant la semaine des assassinats de Gainesville.

Bien qu'ayant plaidé coupable à l'ouverture de son procès, Danny Rolling est condamné à la peine de mort le 20 avril 1994. Pendant son séjour dans le couloir de la mort de Florida State Prison à Starke, je lui rends visite quelques semaines à peine avant la date fatidique qui a été fixée par le gouverneur de l'État. Il me confie de nombreux textes écrits de sa main, des dessins et plusieurs peintures. Après plusieurs appels, il est exécuté par injection létale le 25 octobre 2006. Face aux familles des victimes qui assistent à son exécution, Danny Rolling reste muet et n'exprime aucun remords. Il avoue simplement par écrit le triple meurtre de la famille Grissom à Shreveport.

Depuis son décès, les peintures et dessins de l'Éventreur de Gainesville se vendent pour des milliers de dollars sur le Net. Un roman écrit en prison, *Sicarius*, a été publié en tirage limité en 2002. En 2007, le film *The Gainesville Ripper* est basé sur les crimes de Danny Rolling. Comble de l'horreur, la première de ce film s'est déroulée à Gainesville, au grand dam des familles de victimes.

IL ÉTAIT UNE FOIS

Charles Manson

On ne compte plus les livres écrits sur Charles Manson, tristement célèbre pour avoir commandité et revendiqué le meurtre de l'actrice Sharon Tate, alors enceinte de huit mois... Mais plutôt que de me livrer à un portrait extérieur, j'ai choisi de montrer le monstre de l'intérieur, tel qu'il se raconte à travers une courte fiction écrite de sa main :

Il était une fois

Une fable de Charles Manson

« J'étais en train de balayer la morgue lorsque j'ai vu par la fenêtre cette petite fille qui pleurait. Un policier s'approche et lui demande :

— Pourquoi pleures-tu, petite fille ?

— Mes parents m'ont jetée dehors, personne ne m'aime, je suis toute seule.

Aussi ce policier prend la petite fille de 12 ans entre ses bras et la console en lui disant :

— Ne t'inquiète pas, je vais prendre soin de toi.

Et l'enfant lève les yeux vers cet homme, elle voit le revolver et, pour elle, cela symbolise la force et l'autorité. À ses yeux, le flic représente un père. L'agent l'emmène chez lui, et il l'aime beaucoup. Il tombe amoureux de cette petite fille. Et elle le lui rend bien.

Ce flic était marié, il est maintenant divorcé, et il a deux enfants qui sont plus âgés que cette petite fille, mais il n'y peut rien, il l'aime. L'amour ne connaît pas d'âge.

Un jour, la mère du policier entend des rumeurs sur son fils, et elle se dit : "C'est affreux. Je dois mettre un terme à cette histoire." Elle téléphone à son petit-fils et elle lui raconte tout. "Tu dois avoir honte de l'attitude de ton père ? Il faut que tu fasses quelque chose." L'adolescent rend visite à son père et lui dit qu'il doit s'arrêter, qu'il ne permettra pas que ça continue.

Le policier lui dit de se mêler de ses affaires et que rien ne le fera changer d'avis. Aussi, le garçon sort un couteau.

— Je vais devoir te tuer.

Il se précipite sur son père et lui plonge le couteau en plein cœur. Mais le père a le temps de dégainer et il abat son fils, avant de s'effondrer mort lui aussi.

La fille du policier apprend la triste nouvelle et rend visite à sa mère pour lui demander des comptes.

— Regarde ce que tu as fait. Tout ça est de ta faute.

Elle prend l'arme de son père et tue la vieille femme. Quand elle s'aperçoit de son geste, son cœur se remplit de remords : elle retourne l'arme contre elle et se fait sauter la cervelle.

Entre-temps, je suis de retour à la morgue, toujours en train de balayer le sol. La mère du flic se trouve sur une des tables d'autopsie, sur le point de se faire embaumer. Pendant que je manie le balai, son anneau de mariage glisse de son doigt et roule vers moi. Je me penche pour le ramasser. Pendant que je l'examine, une étoile filante traverse le ciel. L'étoile chute sur le sol et se transforme en une bague en or sur le trottoir.

J'observe la scène par la fenêtre et je vois cette même petite fille qui se retrouve au même endroit où le policier l'avait trouvée. Elle aperçoit la bague et se baisse pour s'en emparer. Nos regards se croisent et elle me sourit.

Et chaque fois que vous verrez une étoile filante, c'est toujours la même bague en or. Cette bague en or que la Reine d'Angleterre vous donne en échange de vos couilles quand elle vient de vous les couper. »

LE TUEUR DE BERGÈRES

Joseph Vacher

Cet ancêtre des « routards du crime » tels que Pierre Chanal, Völker Eckert, Francis Heaulme ou Tommy Lynn Sells a fait l'objet de plusieurs ouvrages et d'un excellent film de Bertrand Tavernier, *Le juge et l'assassin*, avec Michel Galabru et Philippe Noiret. Parmi les livres les plus intéressants, celui d'Émile Fourquet, *Vacher*, paru chez Gallimard en 1931. Émile Fourquet est le juge d'instruction qui a remonté le fil des assassinats commis par le tueur en série aux quatre coins de la France.

Beaurepaire en Isère, le 19 mai 1894, la journée touche à sa fin. Eugénie Delorme, une ouvrière de vingt et un ans, rentre chez elle. Elle n'a pas le temps de voir la silhouette fondre sur elle. Quelques heures plus tard, le village est plongé dans l'horreur. Le cadavre baigne dans une mare de sang, le spectacle est insoutenable. En trois ans, plusieurs dizaines de victimes sont découvertes égorgées, éventrées, violées, rien ne semble pouvoir arrêter la rage meurtrière de celui que tout le monde surnomme « Jack l'Éventreur du Sud-Est », l'un des premiers serial killers français.

L'affaire de ce vagabond égorgeur fait scandale dès le début. C'est le mode opératoire du criminel qui déclenche l'effroi. Eugénie est égorgée, ses parties intimes font l'objet de terribles mutilations : pourquoi cette barbarie ? À peine un mois plus tard, cet émule de « Jack the Ripper » laisse un nouveau corps dans une bergerie en bord de route. Cette fois-ci, il frappe dans le Var. Louise, tout juste treize ans, gît dans la paille. La petite victime a probablement voulu résister à son bourreau, tous les doigts de sa main droite sont tranchés. A-t-elle voulu saisir la lame du couteau ? Comment aurait-elle pu faire le poids contre l'assassin ? À son rituel il a juste ajouté un degré de plus dans le sordide, en commettant un viol post-mortem.

En août 1895, en Côte d'Or, c'est au tour d'une journalière de dix-sept ans d'être retrouvée dans une friche le long de la route 91, quatre plaies au cou, les seins à moitié tailladés. L'assassin est interrompu dans sa tâche, il a tout juste eu le temps d'emporter les souliers de sa victime. Quelqu'un l'a-t-il vu ? Non, le meurtrier est invisible et insaisissable, et la série criminelle se poursuit. Le 1er septembre 1895, non loin du village de Bénonces dans l'Ain, un cri retentit, des bergers accourent, près du noyer une large flaque de sang, plus loin une chemise ensanglantée et des débris humains. Entre deux arbres le corps de Victor Portalier, un berger de seize ans, est allongé, éventré.

L'assassin s'attaque-t-il uniquement à des jeunes proies ? Non. Le 24 août 1895, à Saint-Ours en Isère, la veuve Morand, une pauvre ménagère de cinquante-huit ans, est tuée à l'arme blanche et violée dans sa cuisine. Le meurtrier s'est-il servi des couteaux trouvés sur place ? Probablement ; il aurait même été contraint de changer d'outil pendant son crime. Le monstre frappe encore et toujours au hasard de sa route. Dans l'Allier, c'est une bergère de dix-neuf ans, à Belfort, une fillette de neuf ans, Adrienne. Sa folie meurtrière est sans limites, aveugle, ni les femmes, ni les hommes, ni les enfants ne sont épargnés. La psychose s'installe dans les campagnes, les gendarmes n'ont pas le début d'une piste. Le tueur n'est jamais là où on l'attend. Pourtant il y a un suspect aperçu près des nombreuses scènes de crime, un vagabond à l'air miséreux, le visage déformé par un rictus, laid et nauséabond. Un œil fou, injecté de sang. Malgré ce portrait-robot, les recherches des autorités piétinent. Comment ce meurtrier parvient-il à échapper à la justice ?

Tout bascule en avril 1897 lorsque, dans l'Ain, un homme se met sur les traces du tueur en série. Il est juge et vient de prendre ses fonctions à Belley. C'est un espoir pour les enquêteurs car il est déterminé à mettre le « Jack l'Éventreur du Sud-Est » ou « Le tueur de bergers » sous les verrous. En effet, Émile Fourquet a une passion : entrer dans la tête des assassins. Si l'enquête n'a rien donné, c'est pour une raison très précise. En France, à la fin du XIXe siècle, il est impossible pour un enquêteur d'aller mener des investigations en dehors de sa circonscription. Alors pour un criminel, rien de plus simple que d'échapper aux poursuites, il suffit de se déplacer de commune en commune, de se faire oublier, de devenir un « routard du crime ». Et qui mieux qu'un vagabond erre de ferme en ferme pour se faire embaucher ? Le juge a besoin d'informations supplémentaires. Un nouveau meurtre va lui en fournir. Nous sommes dans le Rhône à Courzieu-la-Giraudière, quelques mois plus tard, le 18 juin 1897. La victime, Jean-Pierre Laurent, est un domestique de ferme de quatorze ans, assassiné puis violé. C'est la signature du tueur, son tueur. Pour mettre la main sur ce vagabond insaisissable, le juge Fourquet établit un véritable plan de bataille. Il met au point des tables de concordances entre tous les crimes non élucidés puis envoie un portrait-type du suspect potentiel à tous les parquets du Centre et du Sud-Est. La chasse à l'homme peut enfin débuter.

En quelques semaines ses efforts sont finalement récompensés. En juillet 1897, en Ardèche, les gendarmes arrêtent un certain Joseph Vacher pour outrage aux bonnes mœurs. L'homme s'est jeté sur une jeune femme, armé d'un couteau, pour tenter de la violer. Son physique a attiré l'attention du juge d'instruction local : il correspond à merveille au signalement de l'Éventreur du Sud-Est. Pour la première fois, le juge Fourquet tient une piste sérieuse. Après trois mois de prison, Vacher, qui s'attend à être libéré, est conduit à Belley par deux gendarmes. Direction le bureau du juge Fourquet pour des interrogatoires. Le piège se referme sur l'assassin présumé.

En l'absence de preuves directes, Émile Fourquet a besoin d'aveux pour construire le dossier. Il le sait, jamais il ne pourra se résoudre à voir Vacher être libéré et échapper à une condamnation. Ces aveux, il les obtiendra coûte que coûte, l'atroce éventreur doit payer pour ses crimes. Mais Vacher résiste, reste muet, il ne semble absolument pas prêt à coopérer. Pire, l'assassin présente des signes inquiétants d'aliénation mentale. Vacher s'exprime bizarrement, avec emphase, entre dans des rages folles, porte un bonnet pour calmer ses maux de tête. Il affirme avoir deux balles logées dans le crâne. Un fou ? Un malade irresponsable de ses actes ? Non, pour le juge Émile Fourquet, Vacher est un simulateur qui, sous couvert de folie, veut échapper à la prison. Fourquet tente alors une autre stratégie, il prétend faire une étude sur les vagabonds, si nombreux dans la campagne française de la fin du XIXe siècle.

Fourquet fait parler le suspect, Vacher s'exprime sur sa vie d'errance, il se livre. Au bout de quelques semaines, le juge parvient à obtenir à l'usure ce qu'il voulait.

Le 7 octobre 1897, Joseph Vacher écrit une lettre depuis sa cellule où il avoue tout, les meurtres, les viols, les mutilations, les accès de rage pendant lesquels il veut purger la société de ses péchés. Fourquet tient ses aveux, le procès de Joseph Vacher peut avoir lieu. Dans ses confessions, le tueur en série reconnaît onze assassinats et une tentative de viol alors qu'on le suspecte au total de près d'une cinquantaine de crimes. Le 26 octobre 1898 à Bourg-en-Bresse, Vacher entre dans la salle de la cour d'assises. Le collège d'experts tranche : l'éventreur est sain d'esprit, il est responsable de ses actes devant la justice et paiera pour ses crimes. Pourtant, sur le banc des accusés, Joseph Vacher tente d'esquiver, il porte autour du cou une pancarte sur laquelle on peut lire « J'ai deux balles dans la tête ». Dans le box, il chante « Gloire à Jésus, gloire à Jeanne d'Arc ». Est-ce une farce ? L'homme tente-t-il de manipuler la Cour ? Mais les débats se poursuivent, Vacher est obligé de faire le récit de son existence de misère, qui commence par la mort, qu'il côtoie très tôt. À sa naissance, son frère jumeau meurt étouffé dans son berceau, à quatorze ans sa mère décède, c'est le début de sa vie d'errance, de place en place, de ferme en ferme, à la recherche de moyens de subsistance. Ensuite vient la frustration. À vingt ans, à Grenoble, il contracte une maladie vénérienne auprès des prostituées et les médecins lui retirent une partie d'un testicule. C'est un traumatisme

Enrôlé dans l'armée, Vacher devient le souffre-douleur de ses camarades de régiment. Il tente de se suicider à plusieurs reprises, il tombe amoureux d'une jeune femme, Louise Barrant, qui le rejette car elle lui préfère un autre soldat. Fou de désespoir, Vacher tente de la tuer de trois coups de feu, il la rate. Dans la foulée, il fait une nouvelle tentative pour mettre fin à ses jours en se tirant trois balles dans la tête. Il garde des séquelles avec ce visage mutilé, reconnaissable entre tous, un œil difforme, tout le côté droit du visage paralysé qui rend son élocution difficile et lui occasionne de terribles maux de tête. Puis Vacher est interné pendant un an à l'asile de Dôle.

Devant ses juges, le tueur se bat pour mettre la société face à ses responsabilités. En vain. Comment pourrait-il seulement émouvoir les jurés, lui l'éventreur aux dizaines de victimes ? Joseph Vacher est condamné à mort. Le 31 décembre 1898, il est conduit à la guillotine. Les forces de l'ordre peinent à contenir la foule qui se presse pour voir tomber la tête du tueur de bergers. Il veut s'adresser à ceux qui crient « La mort, la mort » mais les gardes l'en empêchent, le font basculer sur la planche, le couperet tombe. Il est 6 h 57. Après des années de terreur, Joseph Vacher, le « Jack l'Éventreur du Sud-Est », l'un des premiers tueurs en série français, n'est plus.

En ce qui concerne Vacher, beaucoup de spécialistes s'interrogent encore aujourd'hui sur la question de sa responsabilité. Dès 1912, le magistrat Raymond Hesse se passionne dans son ouvrage « Les criminels peints par eux-mêmes » pour un autre aspect de ses « désirs sadiques » : « Vacher est un mystique. Ses sentiments religieux sont très développés. Il est convaincu qu'il remplit une mission divine en punissant les parents dans leurs enfants et en poursuivant le péché sur la terre. » Le manuscrit autobiographique de Vacher est composé d'une trentaine de pages, écrites très serré. Il s'intitule : « Affaire Joseph Vacher, sa défense par lui-même ». En sous-titre, on peut lire la devise de Vacher qu'il place en tête de tous ses courriers : « Dieu ! Droit ! Devoir ! » La couverture s'illustre des dessins suivants : à gauche, un soleil avec en dessous « Mon guide » ; à droite, un rouleau de parchemin avec la mention « Sainte Bible, la nourriture des âmes ». Au centre, deux clefs, celles du Mont Saint-Michel et de Belfort. Vacher nous explique leur signification. Il se guide avec le soleil pour se déplacer. Et les clefs évoquent les guerres contre les Anglais et les Allemands. Ses mémoires démarrent avec deux devises :

« On est bien fort quand on est innocent et qu'on a la foi. »

« Messieurs, ma déplorable infirmité faciale et intérieure à la tête doit faire l'objet de la cause principale de ma seconde irresponsabilité. »

Joseph Vacher se présente comme un jouet aux mains de la Providence. Jeune, il est mordu par un chien enragé. Soigné par un rebouteux, le remède est pire que le mal, et c'est un homme enragé qui erre sur les routes pour assassiner les bergères. Il s'exprime sur son chagrin d'amour et sa tentative de suicide : « Pour vous fixer en général, messieurs, sur ce malheureux événement (chagrin d'amour), il faut que je vous dise d'abord que pour cette affaire spéciale, j'avais l'opinion publique pour moi, ainsi que M. le juge d'instruction a bien voulu me le faire remarquer dans un passage de son interrogatoire.

« La jeune fille à qui j'ai eu affaire à cette époque, étant sous-officier au régiment, n'a eu pour tout amant qu'un agneau ; agneau, Messieurs, qui sortait d'une bergerie (communauté de frères) où il avait ramassé un peu trop de timidité, mais où la droiture de son caractère ne s'était point affaiblie. »

À sa sortie de l'hôpital de Baume-les-Dames, il est interné à la maison de santé de Dôle vu son état d'exaltation : « J'ajouterai que ces messieurs étaient certainement dans la bonne voie, car je comprends parfaitement à cette heure que ce dérangement et cette exaltation ne pouvaient provenir que soit d'une terrible et première cause : morsure d'un chien enragé, ou plutôt et ainsi que je l'ai toujours cru (d'autant plus qu'on n'a jamais été bien fixé sur ce fâcheux événement) des mauvais et dangereux remèdes plus ou moins bien administrés. Le mot dangereux n'est, je crois, pas de trop, vu qu'à cette époque il n'y avait pas d'Institut Pasteur, et que j'ai été soigné par un simple empirique. »

« MON PASSAGE À L'ASILE DE DÔLE.

« C'est ainsi que pour commencer, le lendemain de mon arrivée, je m'aperçus que mon lit, comme hélas ceux de mes camarades, était rempli de vermine. Quelques jours après, M. le docteur de cet asile, me trouvant un peu plus debout, prescrivit à mon gardien d'introduire dans les blessures de mes balles une espèce de racine, dite de la valériane, qui devait se dilater et permettre d'extraire plus facilement les projectiles que j'ai, ai-je dit, encore dans la tête.

« Mais cette opération qui devait se faire chaque jour, je l'attendais encore trois semaines à partir du premier jour où l'on se servit de cette racine et qu'on me renouvelait chaque jour ce pansement qui me causait d'inutiles et nouvelles souffrances.

« Comprenant que mon plus grand malheur était celui d'avoir été obligé de quitter ma région pour m'acquitter de ma dette envers l'État, et surtout d'être tombé dans une aussi BONNE maison (santé, saletés), lorsqu'un seul docteur, accompagné d'un pauvre interne, est venu pour me faire une aussi dangereuse opération à la tête, j'ai hésité d'abord à me laisser opérer dans de telles conditions, et enfin, préféré me laisser aller à la grâce de Dieu, plutôt que de me laisser opérer, dis-je, ou plutôt que de me laisser donner la mort dans une aussi triste maison. (...) Les abominations que j'ai vues se dérouler sous mes yeux ont certainement accentué ma rage. Par respect à notre grand pays (la France), je veux cependant être bref.

« Sans parler des vilaines injustices qu'il me serait d'ailleurs, messieurs, comme vous devez le comprendre, assez difficiles à vous prouver, au sujet de la nourriture des pensionnaires, surtout de cette maison, il y avait entre autres un de ces derniers, un pauvre aveugle, qui non seulement dans la journée, mais presque chaque soir, après le repas, en était le principal sujet (de ces abominations, de ces spectacles affreux, plutôt !).

« En présence de monstrueux gardiens, d'autres pauvres malades le cernaient, ce malheureux aveugle, entre les tables du réfectoire, le renversaient et, hélas, on allait jusqu'à lui cracher à la figure. D'autres pauvres inconscients, qui n'étaient pas aussi habiles à s'habiller que leurs camarades, certains monstrueux gardiens, dis-je, les prenaient et les poussaient dehors, tout nus, au milieu même de la neige, où loin de prendre en pitié ces pauvres innocents, on les traînait par les jambes pour les emmener dans un bâtiment où l'on passait la journée après le réveil.

« Ne les trouve-t-on pas aussi là, messieurs, les vrais coupables, la vraie ignominie et ainsi que je vous l'ai fait pressentir à ma lettre d'aveux, LA SOURCE, sinon le cours, DE TANT DE MAUX, d'une TELLE MALÉDICTION POUR LA FRANCE ET DE TANT DE DEUILS ET DE LARMES. »

Joseph Vacher est ensuite transféré à l'asile Saint-Robert, à Grenoble.

« Le lendemain de mon arrivée, quelle ne fut pas ma surprise, le matin, de descendre, non parmi un groupe de traîne-la-mort, mais d'humains, qui faisaient en même temps honneur à leur maison et à leur pays, gardés non pas par un tas de bourreaux, mais par quelques hommes seulement, sur la physionomie desquels, encore bien plus que sur les boutons de leurs uniformes, brillaient ces deux beaux mots : Vigilance ! Humanité !

« Comprenant mieux que jamais, par mille autres détails des plus honorables pour cet établissement, que mon grand malheur avait été, ai-je dit déjà, en premier lieu, celui d'avoir été obligé de quitter mon pays pour m'acquitter de ma petite dette envers l'État, et surtout de tomber dans l'infernale maison de Dôle, je ne pus, à mon premier repas avec mes nouveaux compagnons, m'empêcher à un moment donné de me lever de table pour leur apporter, plutôt que pour leur adresser quelques paroles de bénédiction pour eux, mais surtout pour leur maison et leur honorable directeur, leur bienfaiteur plutôt, et digne représentant sur la terre. "Remerciez et rendez grâce à Dieu, leur ai-je dit à haute voix, chers amis, d'être nés sur un sol humain et loyal." »

Le 1er avril 1895, Vacher quitte l'asile Saint-Robert.

« Imprudence hélas comme on le verra plus tard, au sujet de tout ce qui m'attendait au dehors avec ma déplorable infirmité à la tête.

« Imprudence, dis-je, commise par la force des choses et dont l'asile de Dôle est cause et seul responsable ! »

« L'ODYSSE DE VACHER.
DIEU-DROIT-DEVOIR

« Cause de ma seconde irresponsabilité. »

À son départ de l'asile de Saint-Robert, Vacher est muni d'une lettre de recommandation du directeur afin de lui permettre de décrocher un emploi. En premier lieu, il se rend chez les frères maristes de Saint-Genis-Laval où il a été élevé mais « il lui est cependant encore impossible d'occuper aucun gros emploi, surtout aux rigueurs du soleil, qui à cette époque surtout, me causait de graves douleurs à la tête et m'amenait tout à l'état d'un homme ivre. » Mais on ne retient pas sa demande.

Vacher part s'installer chez sa sœur Olympe qui tient un café à Menton où il effraie la clientèle. Elle lui donne un peu d'argent et lui achète un billet pour Marseille pour loger chez un des beaux-frères d'Olympe.

« J'ai vu Notre-Dame-de-la-Garde et la grande Cathédrale ainsi que je l'avais fait à celle de Monte-Carlo un jour que ma sœur Olympe m'avait permis un petit congé pour aller voir cette petite principauté connue du monde entier. J'y ai trouvé un lieu sacré de repos pour les âmes, et j'ajouterai, malgré tant de malheurs, aussi déplorables qu'injustifiés POUR LES GRANDES ÂMES ! »

Il décide ensuite de retrouver son beau-frère qui vit à Marcollin dans l'Isère. Routard malade et exalté, Vacher démarre sa série meurtrière : « Je m'acheminais donc vers mon beau-frère en passant par mon pays de naissance, dans un état d'âme et de nature révoltée, lorsqu'à un moment donné, je rencontre sur mon chemin une jeune fille de 17 à 18 ans. À ce moment, une espèce de fièvre et de tremblement nerveux me saisit, et bien que n'ayant aucunement l'intention de venir de Menton commettre un crime à l'entrée de mon pays, je me jette, tombe plutôt sur cette fille, à ma rencontre avec elle, au moment où cet accès de rage, mais aussi de révolte, de fièvre et de folie était arrivé à son apogée et lui donne dans ce terrible et fatal moment la mort, qui, il faut le croire, l'attendait. Si je l'ai violée, CE N'EST QUE SUR SES INSTANCES ASSURÉMENT dans l'espoir de calmer mon accès de rage et de folie.

« C'est à partir de ce triste et déplorable moment-là, messieurs, que commence cette terrible vie errante et mystérieuse, où je ne sais presque jamais où je vais et qu'aussi bien, jamais je ne pourrai expliquer, pendant laquelle j'ai fait couler tant de larmes, hélas ! Et aidé, d'une Providence exceptionnelle, j'ai comme secoué aux quatre coins de notre France le gros et beau paquet que j'avais plutôt ramassé dans la triste et infernale maison, non pas de santé, mais plutôt de saletés et d'abominations de Dôle, sinon la source, le cours de tant de douleurs, de tant de sacrifices, d'une telle malédiction de Dieu sur la France.

CONCLUSION

« Je ne suis, ainsi que je l'ai dit bien des fois (par suite de la première cause de ma première irresponsabilité : morsure du chien ou remède plutôt...) qu'un innocent.

« Et par la seconde et grande cause que je viens de vous expliquer de mon mieux qu'un instrument de la volonté et de la justice de Dieu, suscité par la force des misères du siècle et du peuple.

« Si je n'avais pas été sali par la saleté et l'abomination, jamais, je ne les aurais commises les saletés et les abominations.

Belley, le 15 juillet 1898.

JOSEPH VACHER, de Beaufort. (Isère.) »

DIEU-DROIT-DEVOIR

Joseph Vacher vient d'être incarcéré et le juge d'instruction Émile Fourquet ne possède pas encore de preuves de sa culpabilité. « Il y a des moments où je ne puis qu'avec peine être maître de moi et je serais certainement capable de grands malheurs, si à ce moment on me contrariait. Ce n'était pas la peine que tout le monde souffre plus longtemps des misères d'un pauvre malade et innocent dont Dieu a voulu se servir pour faire réfléchir le monde et aussi dans des vues que nul humain n'a peut-être le droit de sonder. »

C'est à ce moment-là que Joseph Vacher écrit « spontanément et loyalement » sa lettre d'aveux :

« DIEU ! DROIT ! DEVOIR !

« À la France.

« Tant pis pour vous si vous me croyez responsable ! Si j'ai conservé le secret de mes malheurs jusqu'à présent c'est que je le croyais d'abord dans l'intérêt général, mais vu peut-être que je me trompe, je viens vous faire savoir toute la vérité.

« Oui, c'est moi qui ai commis tous les crimes dont vous me supposez l'auteur, et cela, dans des moments de rage accentués de ressentiments nerveux et de haine que j'avais amassée au triste asile de Dôle. (...)

« Et je terminais ma lettre d'aveux par quelques phrases des plus profondes et à la pensée de ma famille, la première et grande victime de tous les maux avec moi et à celle des parents de mes innocentes et infortunées victimes et de tout le monde.

« Je craignais aussi que le méchant monde ne fasse retomber ces fautes sur mes pauvres parents, qui ont déjà eu tant à souffrir de mon long silence, depuis ma sortie de l'asile, depuis que je traverse la France comme un enragé, me guidant sur le soleil seul.

« Que ceux qui croient pleurer sur moi pleurent donc sur eux ou plutôt sur les vrais coupables, car il vaudrait mieux pour eux, peut-être, être à ma place.

« Aidez-vous, Dieu qui permet tout et dont nul ne connaît les vues, vous aidera.

Belley, septembre.

JOSEPH VACHER, de Beaufort. »

« C'est à partir de ma lettre d'aveux que commence mon long interrogatoire qui a duré près de trois mois, pendant lesquels, presque chaque jour, matin et soir, j'ai été conduit au bureau de M. le juge d'instruction par un groupe de gendarmes, là où j'ai été quelquefois jusqu'à des heures avancées dans la nuit, sans même penser à la maigre gamelle qui m'attendait à mon arrivée dans ma cellule…

« Mon interrogatoire clos, M. le juge d'instruction, vu mon passé et la gravité de la spéciale affaire d'ailleurs dont il se voyait en présence, jugea à propos de me désigner trois experts, à l'effet d'examiner mon état mental, qui ont été les trois docteurs aliénistes et distingués de Lyon, MM. Alexandre Lacassagne, Perret et Flery-Rebatel.

« Après m'avoir rendu leur deuxième visite à la prison de Belley, on m'a fait transférer à celle de Lyon, pour permettre à ces messieurs de venir me voir plus souvent, et cela sans mettre entrave à leur service.

« Tout allait pour le mieux, lorsqu'un dimanche, sous prétexte que je criais dans la cour, on n'a pas voulu me laisser aller à la messe. Je criais bien dans celle de Belley et j'y allais bien. Si dans mon affaire grave et spéciale, quelque chose en dehors me poussait à lancer ces cris, ces airs plutôt, cela ne m'empêchait pas d'être tranquille à la messe.

« Me voyant donc attaqué dans mes droits les plus légitimes et sacrés, j'en fus fort blessé. Après avoir fait à mon gardien la demande, à plusieurs reprises, de bien vouloir me laisser assister à la messe, je me vis de nouveau refuser ce droit sacré, surtout en de telles circonstances. C'est alors qu'étant entré dans une grande et sainte colère, tournant le dos à la porte de ma cellule, j'enfonçai celle-ci du talon de mes bottes, pris ma veste et partis à la messe bon gré mal gré. »

Après cet incident du 1er mars 1898, Joseph Vacher est enchaîné.

« Permettez-moi de vous raconter l'incident qui nous est survenu tout récemment entre moi et M. le juge et qui lui tout seul vous démontrera mieux que moi les choses et les vrais coupables vous rappelant ce grand proverbe : Le temps est un bon maître et le hasard quelquefois un bon juge.

« C'était un jour de visite de M. le juge. J'étais en train de discuter avec ce magistrat sur une question capitale – celle de me prémunir d'un bon avocat de Paris ou de Marseille – lorsque M. le juge, à un moment donné, m'apprit la nouvelle suivante :

— Vous ne savez pas, Vacher, ce que certaines personnes qui ne connaissent pas la spécialité de votre affaire me disent quelquefois ?

— Non, Monsieur le juge.

— Eh bien ! me disent-ils, n'avez-vous pas peur de Vacher, lorsque vous allez le voir dans sa cellule ?

« À ces paroles, je me lève aussitôt et m'avançant vers le couteau, je le saisis, et, le présentant à M. le juge :

— Voyez-vous, monsieur le juge, comme je suis à craindre, comme je relève de l'esprit malin et dangereux, comme on peut oser m'enchaîner de la sorte. Voici un couteau qui est depuis plus d'un mois dans ma cellule, ce qui n'empêche pas à mes deux compagnons de dormir tranquillement sur leurs deux oreilles à côté de moi. N'est-ce pas, monsieur le juge, que dans les circonstances où je suis, il y a longtemps que, si je relevais de l'esprit malin, j'aurais pu faire le mal. »

La dernière page des mémoires de Joseph Vacher est datée du 25 août 1898, soit quatre mois avant qu'il ne soit guillotiné à Bourg-en-Bresse, le 31 décembre de la même année.

SOURCES

Pour les besoins de l'écriture de *Moi, serial killer*, j'ai travaillé à l'appui des revues, documents et ouvrages suivants :

William Bonin : *Doing Time – Stories from the Mind of a Death Row Prisoner*, Eagle Publishing (1991).

Fritz Haarmann : Theodor Lessing : *Haarmann – Die Geschichte eines Werwolfs* (1925).

H.H. Holmes : *Holmes' Own Story* (1896) & David Franke : *The Torture Doctor* (1975).

Charles Manson : Écrit non daté.

Dennis Nilsen : *Autobiography of a Drowning Boy* (1988-1989) & *Orientation in Me* (1992).

Carl Panzram : Thomas E. Gaddis & James O. Long : *Killer – A Journal of Murder* (1970).

Elliot Rodger : *Manifesto* et *Retribution*, les testaments écrits et vidéo du tueur d'Isla Vista (2014).

Danny Rolling : Écrits personnels confiés en 2005 & *The Making of a Serial Killer : The Real Story of the Gainesville Murders in the Killer's Own Words* (2011).

Joseph Vacher : Gaston Mery : *Les Mémoires de Vacher, le tueur de bergères* (1897-1898), Alexandre Lacassagne : *Vacher l'éventreur et les crimes sadiques* (1899) & Raymond Hesse : *Les Criminels peints par eux-mêmes* (1912).

Henri Vidal : Alexandre Lacassagne, J. Boyer et F. Rebatel : *Vidal, le tueur de femmes* in *Archives d'Anthropologie Criminelle* n° 107 (15 novembre 1902) & Raymond Hesse : *Les Criminels peints par eux-mêmes* (1912).

Joseph Vienny et Joseph Jacquiart : Raymond Hesse : *Les Criminels peints par eux-mêmes* (1912) & *Le Petit Journal*.

Otto Wilson : Joseph Paul de River : *The Sexual Criminal – A Psychoanalitical Study* (1949).

Pour certains chapitres, j'ai repris des travaux personnels antérieurs, que j'ai enrichis de témoignages inédits. J'ai aussi utilisé mes propres archives, fruit de mes enquêtes et des nombreux entretiens que j'ai eus avec les serial killers et les autorités administratives et pénitencières.

Un grand merci au musée Testut-Latarjet à Lyon qui n'existe plus pour le moment, ainsi qu'à Jacques Dallest pour nos conversations enrichissantes.

Des remerciements particuliers à Jean-Claude Bernardo, Pierre Marlière et Christophe Bataille.

COPYRIGHTS & SOURCES DES ILLUSTRATIONS

TABLE

DU MÊME AUTEUR (suite)

L'ALMANACH DU CRIME & DES FAITS DIVERS – SANG POUR SANG NOUVEAU avec un DVD gratuit : « Paroles de serial killers », Éditions Édite, 2006.

LE DAHLIA NOIR – AUTOPSIE D'UN CRIME DE 1947 À JAMES ELLROY (avec Jean-Pierre Deloux et François Guérif), Éditions Édite, 2006.

PROFILEUSE – UNE FEMME SUR LA TRACE DES SERIAL KILLERS, Grasset, 2008 & Points, 2011.

LES CLEFS DE L'AFFAIRE FOURNIRET – COMPRENDRE ET LUTTER CONTRE LE CRIME EN SÉRIE (avec l'association Victimes en Série), Pascal Galodé éditeurs, 2009.

LE LIVRE NOIR DES SERIAL KILLERS, Points Seuil Policier, 2010.

TUEURS, Grasset, 2010 & Points, 2012.

UN SERIAL KILLER ROAD MOVIE (« DANS LA TÊTE D'UN TUEUR EN SÉRIE AVEC STÉPHANE BOURGOIN »), Bach Films, 2010.

SERIAL KILLERS – ENQUÊTE MONDIALE SUR LES TUEURS EN SÉRIE, Grasset, 2011.

« LA TOTALE », coffret de trois livres, Éditions Édite, 2012.

MES CONVERSATIONS AVEC LES TUEURS, Grasset, 2012 & Points, 2013.

999 ANS DE SERIAL KILLERS, Éditions Ring, 2013 & La Mécanique Générale (édition poche), 2016.

SERIAL KILLERS – ENQUÊTE MONDIALE SUR LES TUEURS EN SÉRIE : ÉDITION « DÉFINITIVE », Grasset, 2014.

LE LIVRE ROUGE DE JACK L'ÉVENTREUR, Points, 2014.

QUI A TUÉ LE DAHLIA NOIR ?, Éditions Ring, 2014 & La Mécanique Générale (édition poche), 2016.

LA BIBLE DU CRIME, La Martinière, 2015.

SEX BEAST – SUR LA TRACE DU PIRE TUEUR EN SÉRIE DE TOUS LES TEMPS, Grasset, 2015 & Points, 2017.

TRUE CRIME – LES SPÉCIALISTES DU FAIT DIVERS RÉUNIS POUR LA PREMIÈRE FOIS : VOLUME 1 – LES PROTOTYPES, Éditions Ring, 2016.

STÉPHANE BOURGOIN PRÉSENTE LES 13 MEILLEURES HISTOIRES DE SERIAL KILLERS, Éditions Ring, 2016.

TRUE CRIME : SEXE ET PASSIONS FATALES, Éditions Ring, 2016.

LES DERNIÈRES PAROLES DES CONDAMNÉS À MORT, Éditions Ring, 2016.

SERIAL KRIMES, Grasset, 2017.

Cet ouvrage a été imprimé en France
par CPI
en novembre 2018

Mise en pages PCA
44400 Rezé

PAPIER À BASE DE
FIBRES CERTIFIÉES

Grasset s'engage pour
l'environnement en réduisant
l'empreinte carbone de ses livres.
Celle de cet exemplaire est de :
650 g Éq. CO_2
Rendez-vous sur
www.grasset-durable.fr

N° d'édition : 20756 - N° d'impression : 2041288
Première édition, dépôt légal : novembre 2017
Nouveau tirage dépôt légal : décembre 2018
Imprimé en France